A Cidade e o Arquiteto

Coleção Debates
Dirigida por J. Guinsburg

Equipe de Realização – Tradução: Attilio Cancian; Revisão: J. Guinsburg;
Produção: Ricardo W. Neves e Sergio Kon.

leonardo benevolo
A CIDADE E O ARQUITETO
MÉTODO E HISTÓRIA NA ARQUITETURA

PERSPECTIVA

Título do original italiano
La Città e l'Architetto

Dados Internacionais de Catalogação na Publicação (CIP)
(Câmara Brasileira do Livro, SP, Brasil)

Benevolo, Leonardo, 1923- .
    A cidade e o arquiteto : método e história na arquitetura /
Leonardo Benevolo ; [tradução Attílio Cancian]. — São Paulo
: Perspectiva, 2014. — (Debates ; 190 / dirigida por J. Guins-
burg)

    Título original: La città e l'architetto
    3ª edição
    Bibliografia.
    ISBN 978-85-273-0275-3

    1. Arquitetura - Ensaios, conferências 2. Arquitetura -
História 3. Arquitetura - Teoria 4. Cidades - Ensaios, conferên-
cias I. Guinsburg, J. II. Título. III. Série.

04-3145   CDD-720

            Índices para catálogo sistemático:

        1. Arquitetura e cidade : Ensaios   720
        2. Cidade e arquitetura : Ensaios   720

3ª edição
[PPD]

Direitos reservados em língua portuguesa à

EDITORA PERSPECTIVA LTDA.

Av. Brigadeiro Luís Antônio, 3025
01401-000 São Paulo SP Brasil
Telefax: (11) 3885-8388
www.editoraperspectiva.com.br

2019

SUMÁRIO

Introdução 7

Primeira Parte: A CIDADE

1. A Cidade na História.. 13
2. O Desenvolvimento da Cidade Moderna........................... 29
3. Pode a Cidade Moderna Ser Bela? 49
4. A Conservação das Cidades Antigas............................. 67

Segunda Parte: O ARQUITETO

5. O Que é a Arquitetura? 81
   5.1. *Arquitetura e Técnica* 83
   5.2. *Arquitetura e Pintura* 91
6. Até que Ponto a Arquitetura é Moderna? 97
   6.1. *Arquitetura e Sociedade* 99
   6.2. *Arquitetura e História*................................. 113
7. A Contribuição da História para o Ensino da Arquitetura .. 123
8. Os Operadores da Conservação.................................. 137

INTRODUÇÃO

Os ensaios reunidos neste volume dizem respeito às ideias gerais, que aparecem na minha atividade de arquiteto e de historiador da arquitetura: a "cidade", a "cidade antiga", a "cidade moderna", a "arquitetura", a "arquitetura moderna", a "conservação" da cidade antiga. De vez em quando, é preciso tentar definir estas noções, colocá-las entre as outras do mundo moderno, da maneira provisória como é apropriada em um escrito breve.

Reunidos num conjunto e por ordem de temas, eles formam um mapa dos problemas com que todos os estudiosos da arquitetura, que operam diante da mesa de trabalho ou diante da prancheta de desenho, se defrontam. Este mapa apresenta a forma de um triângulo: num dos vértices se encontra o arquiteto, com seu esforço para não renunciar a um estudo e a uma projeção unitária do ambiente físico onde se desenvolve a vida de todos os outros; a partir deste ponto surgem muitíssimas ligações, rumo a uma quantidade de problemas distribuídos no horizonte da cultura e da vida de hoje. É fácil objetar que tais ligações são demasiadas: mas os defeitos do ambiente em que vivemos não levam em consideração os problemas um a um, mas sim a sua sobreposição no cenário físico. Deve-se tentar a realização de algum tipo de coordenação, e o único método adequado, por arriscado e incerto que seja, é o de fundi-los numa ordem de raciocínio unitária. De fato, ainda não foi encontrada uma formalização homogênea para tudo, que permita transformar a comparação mental em um cálculo, e os instrumentos de tecnologia moderna permanecem insuficientes para semelhante tarefa.

Portanto, uma aproximação tão antiquada – "universal" e sem vezo "especialístico" – continua por enquanto insubstituível, sendo a preciosa herança dos mestres da arquitetura moderna, que atuaram desde o primeiro pós-guerra até hoje. Ninguém pode estar certo de que este método irá funcionar frente aos problemas sempre maiores e mais rapidamente mutáveis do presente e do futuro. Mas não temos outro, e os críticos que declaram encerrado o ciclo da arquitetura moderna se propõem, até agora, apenas o retorno dentro dos limites tradicionais da "arte de construir", deixando todas as preocupações sobre o desenvolvimento da cidade e do território ao cuidado de outros especialistas. Deste modo, ao passo que os arquitetos se alinham aos artistas para tentar alcançar a mesma posição privilegiada no grande mercado dos meios de comunicação, o campo da programação física é invadido pelas empresas de consultoria, as quais escondem os problemas sob uma multiplicação de análises numéricas não pertinentes.

Estes ensaios pertencem a uma tradição diferente, que têm sessenta anos de história e que não aceita a distinção das categorias usuais. Trata-se de exercícios de crítica e de proposição tecnicamente fundados, que descontentam tanto os estudiosos quanto os operadores dos setores tradicionais, mas presumem a indicação de uma nova distribuição de tarefas, mais aderentes às necessidades das pessoas que moram nas cidades, e que está justamente descontente com as análises técnicas e artísticas separadas.

A distribuição dos ensaios tenta delinear o triângulo descrito precedentemente. A primeira parte – A CIDADE – apresenta a série dos problemas que formam a base do triângulo. A segunda parte – O ARQUITETO – define o ponto de vista a partir do qual os vários problemas são considerados e confrontados.

Na primeira parte figuram:

I. Uma análise teórica da noção de "cidade" como cenário físico da vida humana, contraposta à "cidade" como corpo social; a primeira é o objeto dos arquitetos e dos historiadores da arquitetura; a segunda, dos políticos, dos politólogos e dos historiadores em geral. O escrito é, na realidade, uma comunicação apresentada a um conclave de historiadores, com vistas a um confronto entre os dois métodos de pesquisa.

2. Uma exposição do desenvolvimento da cidade moderna – que retoma uma parte da comunicação precedente – sob a forma de vinte teses propostas aos estudantes de um curso de arquitetura.

3. Uma reflexão específica sobre o problema da beleza na cidade moderna pedida por uma universidade japonesa como base para um cotejo entre duas cidades muito diversas entre si, Roma e Tóquio.

4. Um resumo dos motivos que deram origem, nos anos setenta, à experiência italiana e europeia de conservação da cidade antiga.

Na segunda parte os mesmos problemas recomparecem como componentes do compromisso do arquiteto; os estudos dizem respeito a:

5. Duas tentativas de definição da arquitetura, comparadas com outras noções mais comprovadas: a técnica e a arte.

6. Dois juízos acerca do ponto em que se encontra hoje a arquitetura contemporânea, escritos para duas universidades americanas.

7. Uma análise sobre as relações entre o ensino de história e o da projeção arquitetônica referidas às Faculdades de Arquiteturas italianas e escrita faz muito tempo, quando se julgava poder reformar os estudos universitários.

8. Uma nova exposição dos problemas da conservação com referência aos operadores, projetistas e executores, necessários para realizá-la.

Os textos originais continham muitas repetições que foram em grande parte eliminadas nesta coletânea: o leitor, porém, se deparará ainda com algumas sobreposições causadas pela homogeneidade substancial da matéria tratada nos vários ensaios.

As notas contidas no texto original do primeiro ensaio foram eliminadas para manter a uniformidade do volume. As indicações bibliográficas podem ser encontradas nas atas do II Congresso Nazionale di Scienze Storiche (edição Marzorati, 1973).

A editora colaborou ativamente no trabalho de adaptação, e lhes somos grato por sua prontificação, que pertence à tradição desta casa editora.

Primeira Parte: A CIDADE

I. A CIDADE NA HISTÓRIA*

A palavra cidade emprega-se em dois sentidos: para indicar uma organização da sociedade concentrada e integrada, que começa há cinco mil anos no Oriente Próximo e que então se identifica com a sociedade civil; ou para indicar a situação física desta sociedade. A distinção é importante pelo motivo prático de que a situação física de uma sociedade é mais durável do que a própria sociedade e pode ainda ser constatada – reduzida a ruínas ou funcionando – quando a sociedade que a produziu já desapareceu há muito tempo.

A forma física corresponde à organização social e contém numerosas informações sobre as características da sociedade, muitas das quais só podem ser conhecidas desta maneira e as únicas que podem ser experimentadas – movendo-se no cenário da cidade ou, melhor ainda, nela residindo – além de serem reconstruídas na prancha.

Daí o interesse e o fascínio em estudar o passado mediante o cenário da construção que ainda faz parte do nosso presente. Lou-

---

* Comunicação apresentada ao II Congresso Nazionale di Scienze Storiche, Salermo, 1972.

13

is Jouvet fez este raciocínio para o teatro, num trabalho intitulado *A l'instar de Cuvier*: "Às vezes sonho poder, um dia, à maneira de Cuvier, estudar a arte teatral partindo da sua arquitetura, e fazer brotar de uma pedra, como de uma vértebra, o grande corpo vivente de um mistério passado" (1933).

Este estudo – que pressupõe uma correspondência perfeita entre evento e ambiente – foi tentado muitas vezes para a cidade da Baixa Idade Média, quando a forma física do organismo urbano espelha imediatamente a forma política da cidade-Estado; quase todos os manuais de história medieval dedicam um capítulo às cidades, onde os caracteres físicos são examinados em estreita conexão com os caracteres econômicos, sociais e administrativos (basta recordar *The Birth of Europe*, de Lopez, livro 3, Cap. I). Alguns historiadores publicaram minuciosas investigações topográficas sobre o desenvolvimento das cidades (Ganshof para as cidades entre o Loire e o Reno e Lacarra para as cidades da Catalunha).

A "cidade medieval" é um tema clássico que retoma a discussão histórica da época de Pirenne em diante e constitui também um dos problemas mais candentes em Sociologia, Geografia e Urbanística. De fato, é o episódio mais próximo de nós no qual podemos captar o pleno significado da invenção urbana: esta arte misteriosa, esquematizada e dispersa a partir da Renascença, redescoberta pela cultura moderna como aspiração, mas ainda impraticável como experiência técnica efetiva.

Os arquitetos procuram no emaranhado das estradas e das praças medievais o segredo do espaço cívico, como os sociólogos procuram no intrincado das instituições o segredo da convivência comunitária: algo mais importante do que os projetos de construção e os programas setoriais que hoje somos capazes de fazer.

Temos procurado explicar, alhures, a diferença entre projeto de construção e projeto urbano:

Uma coisa é conceber um palácio no Grande Canal, outra é conceber o Grande Canal e uma cidade como Veneza, percorrida pelo grande S do Canal, com o centro comercial a cavaleiro do Rialto, o centro político em São Marcos, a grande oficina do Arsenal racionalmente situada na direção do vau do Lido, as outras indústrias descentralizadas em Murano, Burano, Chioggia. Se considerarmos que a forma e a dimensão do organismo citadino já estavam completamente definidas no século XI – ao passo que os séculos seguintes reorganizaram e renovaram, em escala de construção, toda área da cidade, tanto que a partir da situação do século XI ela materialmente não avança quase nada, pode-se medir o valor determinante da invenção original que persiste além de todas as mudanças arquitetônicas.

Fig. 1. Veneza, mapa de 1348, reproduzido de uma incisão de 1780.

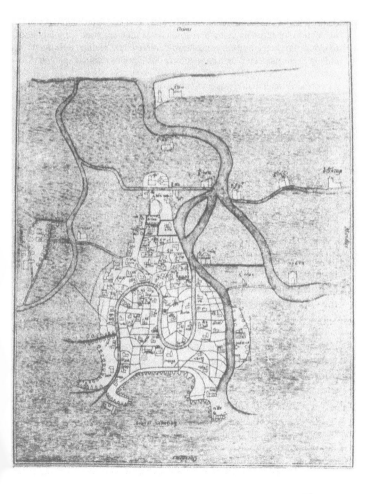

E se Veneza é um caso-limite, tanto que a invenção urbanística parece separável e anterior a toda sistematização arquitetônica documentada, em muitas outras cidades europeias é possível colher, nos períodos de maior fervor criativo, uma ideia distributiva geral que procede, *pari passu*, com cada arquitetura, mas não sobrepuja e não resume o seu significado: assim em Florença no último decênio do século XIII, enquanto se define a nova constituição política, a obra mais importante de Arnolfo não é o Domo, nem o Palazzo Vecchio, nem o traçado dos terceiros muros, mas talvez a ideia do novo organismo urbano onde o aumento periférico é compensado pela ampliação do núcleo direcional, com os dois centros, político e religioso, dispostos nas margens das primeiras muralhas. Pode acontecer que o nome de Arnolfo seja apenas uma referência convencional, como o de Giano della Bella para os Ordenamentos de Sentenças, mas existe sem dúvida uma imagem programática da nova cidade, expressão visível da nova realidade política e econômica, embora não se trate de um plano no sentido moderno da palavra. A força desta imagem pode ser medida, tendo-se em mente que ela consolidou durante cinco séculos a forma da cidade e permaneceu fixada na memória dos homens também quando as condições sociais mudaram radicalmente.

Não é exagero dizer que a maioria das cidades em que vivemos foi inventada – em sua parte essencial – na época medieval. Mesmo quando os desenvolvimentos ulteriores foram de grande envergadura, alguns fatos estabelecidos naquele tempo continuaram a orientar o crescimento recente, com singular persistência; basta pensar na dupla polaridade de Londres medieval, entre a *city* e Westminster, ou na distinção de Paris em três partes (a *ville* sobre a margem direita do Sena, a *cité* na ilha, a *université* na margem esquerda).

Em certos casos, a invenção urbana antecipa os desenvolvimentos do corpo social: os monumentos do Campo dos Milagres, em Pisa – catedral, batistério e cemitério – foram construídos nesta posição periférica, porque talvez devessem transformar-se no centro de um novo organismo urbano ampliado rumo ao norte: mas a ampliação nunca ocorreu, porque o poder de Pisa já terminara no século XIII, depois da Batalha de Meloria. Os últimos cinturões urbanos de Florença, de Siena, de Colônia e de Gand, traçados no final do século XIII ou na primeira metade do século XIV, não foram saturados pela evolução da construção, que se encerra depois da grande peste, e serão ocupados, de um modo completamente diferente, só no século XIX. Nestes casos a forma urbana fica a testemunhar não um passado, mas um futuro eliminado pelos acontecimentos sucessivos.

(A propósito vale notar que os instrumentos incidentes, capazes de produzir resultados duradouros, não são aqueles esquemáticos e imperativos dos reis absolutos e dos ditadores, mas os flexíveis, complexos e contrabalançados das comunidades mercantis: as magistraturas florentinas, que duravam no cargo poucos meses, construíram um organismo estável no curso dos séculos, porque desenvolveram com continuidade um programa unitário; até o século XVII as realizações urbanas mais importantes e mais bem-sucedidas são as das repúblicas holandesas, e não as de Luís XIV ou de Pedro, o Grande.)

Mas o postulado da correspondência incondicionada entre cidade e sociedade só funciona bem para as épocas felizes, onde existe uma medida comum entre as duas realidades e um sistema de instituições que estabiliza tanto uma quanto outra. Temos que voltar à comparação de Cuvier e observar que não é tão precisa porque, no fim das contas o esqueleto do dinossauro é uma parte física do dinossauro inteiro, ao passo que o cenário urbano é uma aparelhagem do corpo social, ligada por relações funcionais menos diretas e mais complicadas. Convém portanto aprofundar a distinção entre dois significados da palavra cidade e discutir a interpretação dada até agora a este dualismo, que é mais sutil e enganoso do que parece à primeira vista.

As interpretações são duas: a primeira se contenta com uma definição empírica da cidade – o conjunto dos artefatos artificiais que o homem introduziu numa porção do ambiente natural, desde aqueles em escala humana que formam os prolongamentos diretos dos membros do corpo (os utensílios de todos os tipos) até aqueles em escala maior que alteram as relações entre o homem e o espaço circunstante – e não se preocupa com a heterogeneidade das experiências colocadas em prática mesmo pelo mais simples destes artefatos que dizem respeito à ideação, à construção e à fruição. A segunda pretende oferecer uma definição cultural da cidade, ou seja, parte de uma organização das experiências em setores prefixados e reconhece na cidade a projeção externa de cada setor, reveladora tão somente das suas variações internas.

No primeiro caso, o estudo da cidade opera uma secção em todos os setores em que está dividida a estrutura social e cultural; no segundo caso, o estudo da cidade deve ser conduzido em setor bem definido – aquele que produziu um tipo de aspectos da cidade realizada – e repetido, se for o caso, em outro setor que produziu outra classe de aspectos.

A noção discriminante é justamente a classificação dos setores (e dos aspectos da cidade), que na segunda interpretação constitui uma condição preliminar da imagem histórica e na primeira é um dado verificado vez por vez; na segunda é estabelecido *a priori* e na primeira é registrado *a posteriori*.

Pode-se dizer que a tradição e o aparato institucional pressupõem a segunda interpretação, isto é, dão como fato consumado uma classificação fixa, legítima, dos setores da investigação (artística, científica, técnica, econômica etc.); ao invés, os recentes desenvolvimentos da pesquisa histórica põem em dúvida a firmeza desta classificação e orientam-se decididamente – no tocante à cidade e a todo outro assunto indagável – para a primeira interpretação.

Com efeito, a pesquisa histórica levada a fundo reconhece que a pretensa classificação legítima é apenas a indevida cristalização teórica da classificação vigente na sociedade contemporânea, conexa aos interesses privilegiados nesta sociedade; a tentativa de atribuir-lhes um valor absoluto não serve para interpretar o passado, mas para estabilizar as instituições e os interesses coligados, no presente e no futuro.

Esta pesquisa se tornou inevitável para estudar outras épocas históricas, como a primeira Renascença, em que se dá justamente a mudança entre duas classificações das atividades humanas, que compromete a realização de grandes estruturas estáveis – por conseguinte, também das cidades –, mas que enfraquece as estruturas passadas e prepara as condições para construir no futuro novas estruturas diferentes. Neste momento de transição podemos captar os fatores de mobilidade da contingência humana: a invenção, o risco, a liberdade intelectual e moral, que não são definíveis em nenhuma das duas classificações porque produzem exatamente a passagem de uma para a outra.

Em outra oportunidade observamos que:

O interesse dos estudiosos de história pela Renascença cresceu inesperadamente desde quando esta é considerada não mais a inauguração de um ciclo cultural "moderno" e definitivo – no qual se elaboram as distinções legítimas entre os setores da cultura (arte, literatura, ciência, técnica etc., que se consideram permanentes e aplicáveis a todas as épocas) – mas um momento em que se passa de uma classificação histórica dessas atividades a outra classificação também histórica e precária, como é claro hoje em dia para nós, porque vivemos outro momento de transição de uma classificação a outra. No primeiro caso, bastava aplicar, setor por setor, as definições institucionais absolutas, isto é, era suficiente estudar a arte, a literatura e a ciência, cada uma por sua conta. No segundo caso, há necessidade de um raciocínio global que espelhe a transição do sistema institucional anterior ao novo, e que não pode ser feita segundo as distinções de chegada, mas que põe em crise os supostos setores permanentes da vida cultural, os quais se tornam objetos da investigação histórica, e não condições preliminares.

Esta mudança de perspectiva já transformou completamente o quadro dos estudos históricos sobre a Renascença; basta pensar, na Itália, nas contribuições de Cantimori e de Garin. O Renascimento, diz Garin, "não se produz nem sob um único signo, nem por esquemas rígidos ou por continuidades lineares, dentro de setores nitidamente separados. Foi, antes, propriamente ruptura de equilíbrio e de esquemas. Donde a insuficiência de uma historiografia que tende a hipostasiar as várias disciplinas, fundamentando-as em pseudocategorias: lá as letras, aqui a filosofia e as ciências; lá a arte e a moral, aqui a religião e a política".

A chave técnica para esta investigação é a análise filológica dos textos e das obras, tanto mais precisa e intransigente quanto mais incertas se tornam as "sistematizações" e os "enquadramentos" tradicionais. Os lugares-comuns, os juízos aproximativos e preconceituosos só podem ser removidos se voltarmos a olhar para os fatos, nas suas reais e minuciosas articulações. Como na própria Renascença a "gramática" é o solvente que elimina as construções doutrinais da Idade Média e restabelece um contato genuíno com o patrimônio da cidade antiga, na qual a nova época se espelha para reconhecer a sua originalidade, assim hoje a extensão e o aprofundamento dos controles filológicos constituem o instrumento indispensável para reencontrar a verdadeira complexidade do processo histórico, oculta pelos esquemas sumários que derivam exatamente do sucessivo enrijecimento das distinções setoriais.

Convém recordar as etapas desta pesquisa: as obras de síntese mais antigas – as de Burckhardt, de 1860, a de Pater, de 1873, o primeiro volume da *Cambridge Modern History*, de 1902 – confrontam vários setores cuja separada continuidade não se questiona; *O Outono da Idade Média*, de Huizinga, de 1919, discute com insistência as fronteiras entre setores contíguos (especialmente no antepenúltimo capítulo, "Imagem e Palavra", e no penúltimo, "Palavra e Imagem"); a tese de Baron sobra a crise da primeira Renascença, apresentada no livro de 1955, baseia-se numa combinação cerrada de análises sobre os fatos literários e político-sociais, que exigiu uma verdadeira contaminação filológica, que o autor não deixou de comentar:

> É possível que tenha um significado mais vasto esta necessidade de combinar métodos de diversos setores científicos. A relutância entre os historiadores políticos em seguir as lições aprendidas nos estudos literários e, por outro lado, o interesse demasiado escasso dos especialistas literários pela influência dos desenvolvimentos socioeconômicos impede-nos ainda, em muitos pontos da história da Renascença, de precisar a mútua dependência entre política e cultura com a mesma clareza que a pesquisa tradicional atingiu para semelhantes situações, nas antigas cidades-Estados.

Uma investigação filológica combinada sobre diversos setores da civilização renascentista e sobre uma só cidade, Florença, foi tentada por Becker em 1968, por Holmes em 1969 e por Brücker em 1969. Estes confrontos constituem o pressuposto essencial dos livros de síntese de Hay, de 1961, de Garin, de 1964 (o capítulo da *Propylaeen Weltgeschichte*), e de Lopez, de 1970.

O setor que resiste tenazmente a esta tendência é a história da arte. A tentativa de Antal, em 1948, certamente falha, foi acantonada com extraordinária pressa; as obras dos historiadores da arte interessados nos vínculos com os outros setores – os *Architectural Principles in the Age of Humanism*, de Wittkower (1949), a *Art et humanisme à Florence au temps de Laurent le Magnifique* (1959) e os mais recentes *Renaissance méridionale* e *Le grand atelier d'Italie* (1965), de Chastel, deram muito que falar como exceções. Um livro escrito no longínquo 1914, *The Architecture of Humanism*, de autoria de Geoffrey Scott e traduzido por Helena Croce em 1939 (ou seja, um medíocre *panfleto* que defende a independência da arquitetura de todo o resto), constituía ainda autoridade textual na Itália do pós-guerra. Também a discussão sobre personagens-chave da transformação renascentista, como Brunelleschi e Alberti – que forçam um confronto interdisciplinar porque a sua produção pertence a dois ou mais sucessivos setores codificados (a arte e a mecânica para Brunelleschi e a arte e a literatura para Alberti) – desenvolve-se em compartimentos estanques; haja vista os respectivos verbetes na *Enciclopédia da Arte*. Praeger é o único que conhece a fundo as experiências mecânicas de Brunelleschi porque é um funcionário da secretaria americana das patentes. O resultado deste destaque é o escasso valor dos estudos dos historiadores da arte sobre as cidades: na coleção de Braziller sobre a história da cidade sobressai, por sua inconsistência, o volume de Argan sobre as cidades da Renascença (e também, em medida menor, o livro de Saalman sobre as cidades medievais); com efeito os outros volumes – sobre as cidades pré-colombianas e as cidades do Oriente Próximo etc. – utilizam a experiência da arqueologia, que está justamente aparelhada para extrair dos seus registros as informações sobre a vida social; ao invés, as duas sobre as cidades mais vizinhas no tempo e que ainda funcionam põem em evidência o isolamento e a inutilidade de uma abordagem formal que se julga autônoma. Constituem exceção alguns trabalhos realizados por Francastel, na École des Hautes Études, que são exatamente um instrumento admirável de permutas interdisciplinares: o trabalho sobre Lisboa, de José Augusto Franca (1965), as atas do simpósio sobre a urbanística, de Paris e Europa, realizado na Sorbonne em 1966; na Itália, o trabalho sobre Nápoles, de César de Seta, que frequentou a École parisiense e trabalhou em contato com Galasso.

De fato, enquanto os historiadores da arte se preocupam em pôr a salvo a noção autônoma da arte na esfera teórica (Brandi) ou numa perspectiva histórica que abrange todo o ciclo da cultura ocidental (Argan no longo trabalho sobre o primeiro número da revista *Storia dell'Arte*), os historiadores se preocupam em pôr a claro a origem da solução institucional, em que vige justamente a autonomia do labor artístico em relação ao resto do labor humano: ela emerge entre os fins do século XIV e o início do XV – quando os aspectos qualitativos da *ars* medieval são desincorporados dos aspectos quantitativos e colocados no mesmo nível intelectual da literatura – e é utilizada daí por diante:

– na sociedade renascentista, para libertar o trabalho criativo individual da tutela do aparato corporativo e para permitir uma relação direta com a nova classe dirigente; põe em ação assim uma nova abordagem do universo visível, do qual procedem tanto a arte como a ciência moderna;
– depois da crise da sociedade renascentista, para manter distinto o trabalho artístico, diferenciando-o da pesquisa científica que se organiza de maneira autônoma;
– na sociedade oitocentista, para excluir ambas as categorias de especialistas – os artistas e os técnicos – da gestão da cidade industrial, que a partir da metade do século XIX se baseou numa combinação direta entre burocracia e propriedade.

Exatamente os eventos ocorridos da Renascença em diante impedem que se mantenha o postulado da correspondência entre cidade e sociedade; de fato, aparece neste período uma nova definição da cidade, que deriva exatamente da afirmação da autonomia da arte: a cidade é o conjunto das qualidades formais do ambiente e, por conseguinte, é a obra completa e autossuficiente que um artista sozinho, como Filarete, está em condições de imaginar e projetar. Esta noção se aplica em princípio ao organismo incompleto da cidade medieval e o fixa numa forma definitiva, aquela que hoje lembramos e apreciamos (basta pensar na imagem concêntrica de Florença, definida literariamente na *Laudatio* de Leonardo Bruni e concretizada, daí a uma geração, por Brunelleschi, que realiza o seu centro geométrico, o pavilhão octogonal da cúpula); depois não acompanha as transformações sucessivas e desloca-se para a esfera teórica: transforma-se na Utopia, a cidade ideal; mais tarde ainda, os elementos separados deste modelo cultural irrealizável são utilizados para imprimir uma ordem parcial ao cenário do poder absoluto (Versalhes, e não Paris, porque a regularidade pode ser aplicada às árvores e aos canais, e não às casas onde as pessoas vivem); finalmente, as suas aparências estabilizadas e consumadas por um diuturno hábito – a uniformidade, a hierarquia e o decoro – são codificadas para tornar respeitável, o novo cenário, imenso e precário, da cidade burguesa.

Ao final desta parábola, as formas parecem as mesmas, mas a substância da cidade está completamente mudada, e também a relação entre cidade e sociedade deve ser novamente examinada.

A cidade burguesa que se desenvolve depois da revolução industrial é, com certeza, diferente de todo modelo anterior, antes de mais nada por seus elementos mensuráveis: as quantidades em jogo (número de habitantes, número de casas, quilômetros de estradas, número e variedade dos serviços e das aparelhagens) e a velocidade das transformações; as diversidades quantitativas produzem, somando-se, uma diversidade qualitativa, isto é, tornam impraticáveis os antigos instrumentos de controle, que estão baseados justamente numa limitação conhecida das quantidades e das velocidades, e propiciam o surgimento de novas oportunidades e de novos riscos que só podem ser comparados com novos instrumentos de projeção e de gestão: voltam a propor, por conseguinte, de maneira integral e pela primeira vez depois da Idade Média, o problema do planejamento urbano. A pesquisa científica, que acionou estes desenvolvimentos, deve elaborar os instrumentos para controlá-los.

O reconhecimento destas diversidades – que caracterizam a "cidade industrial" – possibilitou uma nova interpretação de todo o ciclo histórico anterior onde, a par dos aspectos variáveis de período em período, foram identificados alguns aspectos constantes que caracterizam realmente a *cidade pré-industrial*. Trata-se do conceito desenvolvido no livro *The Pre-Industrial City*, escrito em 1960 por Sjoberg, que considera conjuntamente as cidades europeias antigas, antes da industrialização, e as cidades do Terceiro Mundo ainda não transformadas pela industrialização.

Os aspectos comuns talvez não sejam absolutamente importantes, mas certamente são importantes para nós agora, porque são os que malogram em virtude da revolução industrial. O motivo deste estudo é portanto a urgência de entender a natureza da transformação que aqui na Europa se deu no passado recente e que alhures está acontecendo ou deve acontecer no futuro imediato: remete, pois, ainda ao quesito fundamental que diz: o que é a cidade industrial e como devemos tratá-la?

Temos as respostas dos especialistas que estudam a cidade atual e propõem os possíveis remédios aos seus muitos inconvenientes, respostas estas que simplificam a definição do objeto sujeito a modificação, mas que complicam proporcionalmente as propostas operativas. Há, também, a resposta histórica, que certamente complica a descrição da cidade industrial (a qual tem uma história de quase duzentos anos e atravessou diversas fases), mas permite que se isolem as componentes heterogêneas que sobrevivem junto na situação hodierna e facilita para cada uma delas um tratamento claro e apropriado.

De fato – tomando como modelo a situação europeia, mas distinguindo os seus momentos típicos que reaparecem, também em ordem diferente, em todas as outras situações – nota-se logo a superposição de dois processos:

a) o desenvolvimento material e tecnológico da cidade, essencialmente contínuo para a trama das crescentes necessidades e das aparelhagens concebidas para satisfazê-las;

b) o desenvolvimento das formas políticas de administração da cidade, que ao contrário é descontínuo e apresenta decisivas mudanças, em relação com alguns fatos salientes do desenvolvimento político geral.

Tomando as formas de administração como critério discriminante, parece possível distinguir estes modelos sucessivos:

1. A *cidade liberal*, que registra as mudanças materiais que o desenvolvimento econômico produziu – o crescimento populacional, a redistribuição da população do campo para as cidades, a mistura das indústrias com os bairros habitacionais, o início das novas aparelhagens (instalações higiênicas, ferrovias etc.) – sem, contudo, uma hipótese de intervenção pública adequada para controlar estes fatos. Criticam-se, com efeito, em linha de princípio, os regulamentos tradicionais e confia-se na possibilidade de um novo equilíbrio espontâneo, conseguido pela livre combinação das iniciativas parciais. Na Europa, esta situação dura até a primeira metade do século XIX e produz a cidade desintegrada, analisada por Engels em 1844 (Manchester), por Blanqui em 1848 (Lille) e contada por Dickens no romance *Tempos Difíceis*, em 1854 (Coketown).

2. A *cidade pós-liberal*, que começa quando os novos regimes conservadores, vencedores das lutas de 1848 – o bonapartismo na França, o imperialismo de Bismarck na Alemanha, os novos *tories* de Disraeli na Inglaterra –, colocam em prática um controle público do desenvolvimento urbano complementar e combinado com a liberdade das iniciativas privadas. Os dois poderes antagonistas – burocracia e propriedade – chegam a um acordo que define os limites dos seus campos de ação e que supera imediatamente a anterior discussão teórica entre uma hipótese complementar liberal (Spencer) e uma hipótese complementar planejada (Owen, Fourier).

É bem conhecida a interpretação política desta mudança de rumo: burocracia e propriedade representam dois grupos de interesses na classe burguesa dominante (os interesses de todo o capital e os interesses do capital imobiliário), que puderam travar entre si uma guerra de morte até que apareceu a ameaça de um adversário comum – o proletariado urbano derrotado em junho de 1848 em Paris. Esta ameaça torna desejável um acordo, ou seja, uma limitação recíproca que assegura os interesses fundamentais da burocracia (desfazer tecnicamente os estrangulamentos do desenvolvimento que está se processando) e da propriedade (reter os aumentos de valor produzidos pelo desenvolvimento).

Este acordo deixa subsistir uma série de contradições, sendo que as mais importantes dizem respeito à oferta das moradias que não corresponde à procura (de fato, exige-se a presença dos operários como força-trabalho, mas não como usuários da cidade que é feita apenas em função do assentamento burguês), além do financiamento das intervenções públicas, que não podem ser comparadas com as valorizações produzidas e transformam-se em quantias a fundo perdido, dependentes do crédito e das suas flutuações. Estas contradições são inevitáveis porque dependem do acordo originário, mas devem ser corrigidas parcialmente de tempos em tempos.

3. A *cidade pós-liberal corrigida*, isto é, o mesmo modelo a que se aplica (de 1890 em diante, na favorável conjuntura econômica e política) um sistema racional de corretivos que se referem sobretudo à oferta de acomodações populares construídas ou facilitadas pelas administrações, e o autofinanciamento das obras públicas pelo mesmo mecanismo das iniciativas privadas (a compra e revenda dos terrenos da fazenda pública).

4. A *cidade moderna*, isto é, a alternativa completa para a cidade pós-liberal elaborada pela pesquisa arquitetônica moderna, a partir dos primeiros anos do pós-guerra.

A pesquisa parte dos elementos mais simples – as habitações singulares – e chega gradativamente a definir os conjuntos: os bairros, a cidade, o sistema de jurisdição territorial. As realizações concretas, que devem inserir-se na cidade pós-liberal corrigida ou não, são mais fáceis para cada edifício em particular, mais difíceis para os bairros (e sempre no âmbito dos programas públicos) e quase impossíveis para as cidades e as sistematizações jurisdicionais territoriais.

A resistência mais ou menos forte do sistema vigente seleciona assim os resultados da pesquisa: aceita os que são compatíveis com o acordo dos interesses fundamentais e descarta os incompatíveis. Desta maneira nasce o último tipo de cidade, que podemos chamar de:

5. A *cidade pós-liberal recorrigida*, modernizada tanto quanto possível, mas ligada à permanência da combinação política entre os dois grupos de interesses, gerais e particulares. O que permanece é a combinação estrutural e não as categorias ou as classes que constam do acordo. Com efeito, esta gestão urbana não sofreu praticamente nenhuma alteração nos países do Leste europeu, cinquenta anos depois da Revolução de Outubro. A substância política desta gestão parece consistir no uso da cidade como instrumento de controle e de coerção, em favor dos grupos dominantes.

Consideremos, neste seguimento, como varia a relação entre cidade e sociedade:

A desordem da cidade liberal é o reflexo imediato, ainda que somente negativo, de uma hipótese política válida de um modo geral, e de fato encontra resposta em muitos outros campos: na legislação trabalhista, na escola etc. Por isso Engels e Blanqui apresentam a paisagem urbana como parte integrante da condição da classe operária em meados do século XIX. A pouca ordem vigente deriva, ao contrário, do elemento anacronístico, isto é, da permanência dos métodos tradicionais de controle já eliminados quase por completo nos outros campos e no nosso apenas enfraquecidos e desacreditados.

A gestão urbana pós-liberal constitui uma das manifestações típicas do novo conservadorismo europeu a partir de 1848 e faz parte de um programa político mais amplo. Basta pensar no paralelismo entre o crédito predial e o crédito mobiliário na França bonapartista. A integração entre economia e urbanística, entre a "finança sansimonista" e as "contas fantásticas de Haussmann" foi analisada minuciosamente por Louis Girard no estudo de 1952. Por isso a cidade sistematizada por Haussmann nos parece o quadro adequado e congenial da sociedade descrita por Goncourt e por Maxime du Champ, pintada por Manet e Monet. O que distingue a gestão urbana da administração dos outros setores é o êxito demasiado perfeito: os adversários de Haussmann não sabem contrapor-lhe outra coisa senão um sentimento de nostalgia literário por um passado que já não se pode mais recuperar (Veuillot, Hugo, Baudelaire), ou então um argumento teórico que exclui a eficácia de qualquer reforma setorial e que só se revelará eficaz num futuro distante (Marx e Engels). Por conseguinte, o planejamento urbano torna-se um instrumento exclusivo da direita avançada e assim a cidade pós-liberal (com todos os seus defeitos técnicos) se revela uma máquina tão eficiente de controle social que as classes dominantes – aquelas no poder na segunda metade do século XIX e as que tomarão o seu lugar mais tarde – quererão conservá-la o maior tempo possível: nisso aplicarão alguns corretivos se a margem de controle político for considerada suficientemente ampla, mas aceitarão também as mais evidentes contradições técnicas e econômicas (agravadas paulatinamente pelo desenvolvimento tecnológico e pelo crescimento demográfico) a fim de não pôr em perigo os mecanismos fundamentais que defendem as relações de poder entre os grupos e as classes.

Assim aos poucos a cidade pós-liberal vai se transformando num anacronismo, não acidental mas necessário na estrutura política atual: às vezes os corretivos aplicados oportunamente aos momentos favoráveis – entre fins do século XIX e inícios do XX nos países da Europa Continental, nos primeiros anos do pós-guerra na Alemanha de Weimar, no pós-guerra mais recente na Inglaterra e Escandinávia – atenuaram ou quase chegaram a eliminar seus efeitos constritivos. Mas nos outros casos – como na Itália – a administração implantada há cem anos conservou-se numa forma muito próxima à originária e adquiriu uma rigidez excepcional, quase impossível de modificar (para isso a reforma urbanística não parece praticável sequer em pequena escala). É preciso, depois, considerar que no Terceiro Mundo – na América do Sul e Oriente Médio – processa-se atualmente uma urbanização acelerada que reproduz e provoca todos os elementos típicos da segunda metade do século XIX europeu: nos dá uma ideia disso o excelente trabalho de Paul Vieille sobre Teerã, publicado em 1968.

Portanto, a relação entre cidade e sociedade hoje está quase que invertida em relação à Idade Média. A cidade em que vivemos não é a projeção adequada da sociedade no seu conjunto, mas um mecanismo mais rígido, que serve para retardar e apagar as transformações em todos os outros campos, a fim de fazer com que dure muito mais tempo a hierarquia dos interesses consolidados. Os inconvenientes técnicos que todos conhecemos – o congestionamento do tráfego, a densidade das construções, a escassez dos serviços, a deterioração do ambiente natural – não são consequências inevitáveis da vida moderna, mas o preço pago para conservar uma combinação de poderes agora já em contraste com as possibilidades proporcionadas pelo desenvolvimento tecnológico e econômico. Ao invés, a *ville radieuse* – que permaneceu nas páginas dos livros de Le Corbusier e realizada apenas por campeões isolados – não é uma Utopia, uma cidade do futuro; é a cidade que já poderia ser executada com os meios técnicos e econômicos atuais, mas não com os instrumentos jurídicos e administrativos atuais.

Se não se estabelecer esta distinção, que promana da análise histórica, tudo o que se disser sobre a cidade contemporânea se tornará ambíguo e ineficaz. Hoje o método de Cuvier não encontra aplicação, porque a cidade contemporânea não é a cidade moderna, mas uma cidade concebida há mais de cem anos e imposta como vínculo político à sociedade moderna. Entretanto a cidade moderna – isto é, a cidade que a pesquisa moderna conseguiu até agora elaborar – passa a ser uma alternativa teórica ou uma série descontínua de realizações parciais.

Os estudiosos do Instituto Sigmund Freud de Frankfurt – Alexander Mitscherlich e os seus alunos Heide Berndt, Alfred Lorenzer e Klaus Horn – publicaram recentemente as mais atualizadas análises psicológicas e sociológicas sobre a cidade contemporânea. Mas, aceitando o postulado da correspondência imediata entre cidade e sociedade, julgam que a cidade contemporânea é sem dúvida a "cidade moderna", o produto adequado da pesquisa arquitetônica moderna; por isso criticam justamente a "cidade inabitável e instigadora de discórdia" em que vivemos, mas perdem tempo na procura das origens de suas disfunções na ideologia da arquitetura moderna: "A arquitetura funcionalista é verdadeiramente funcional?" – é o título de um ensaio de Berndt, que imobiliza uma fase da pesquisa arquitetônica e descura por completo o problema histórico da passagem da pesquisa para a realidade construída.

Justamente devido à situação anômala da cidade no mundo contemporâneo, a pesquisa histórica há de desempenhar uma função essencial também de natureza operativa: o esclarecimento do processo que levou à situação atual constitui na verdade uma premissa indispensável para abordar esta situação de maneira realista. A *recherche patiente* dos arquitetos modernos demonstrou em cinquenta anos que a cidade em que vivemos não é inevitável e definiu suas possíveis alternativas; mas há o risco de imobilizar-se nesta contraposição, de se ver envelhecidas estas alternativas sem ter tido tempo de experimentá-las e corrigidas, se não se realiza uma pesquisa igualmente cuidadosa sobre os mecanismos que impedem a realização das novas propostas. Esses mecanismos foram escalonados em cem anos de história recente e só podem ser isolados pela investigação histórica.

Uma tal investigação é especialmente importante na Itália, onde a gestão urbana pós-liberal começa logo depois da unificação (a lei de 1865 sobre a desapropriação para fins de utilidade pública, que fixa definitivamente a relação entre os interesses em jogo, pertence ao grupo das leis fundamentais do novo Estado) e permanece inalterada até hoje, conforme se disse, com raras correções ulteriores.

Porém este juízo deve ser precisado e articulado, estudando-se as histórias particulares de muitas cidades; na verdade, fica inoperante se não se conhecem as desigualdades ou as anomalias do desenvolvimento local. Não basta registrar um balanço geral, ainda que estatisticamente correto, para lamuriar-se com ele. É preciso descobrir os pontos fortes e os pontos fracos, para esperar modificá-lo. É um trabalho que está ainda quase todo por fazer; de fato, as únicas monografias utilizáveis – situadas em termos históricos precisos e não em termos míticos de "forma urbana" eternamente presente – são até agora: o livro de Lando Bortolotti, sobre Livorno (1970), o livro de Silvano Fei, sobre Florença (1971), e o livro de Italo Insolera, sobre a Roma moderna (1962, atualizado em 1971), que, no entanto, é apenas uma introdução à amplíssima matéria dos cem anos de Roma como capital.

A urgência de semelhante tarefa coloca-nos diante do passado remoto numa posição cientificamente mais profícua, porque obriga a desencorajar os hábitos e as normas institucionais tidas como fato consumado e impede que sejam projetados no passado. A cidade pode ser estudada como um objeto normal da investigação histórica, nem privilegiado nem ligado de modo especial ao chamado espírito de uma época. Como uma construção histórica variável no tempo, às vezes em uníssono com os outros fatos, às vezes em antecipação, outras vezes em atraso, segundo modalidades sempre variáveis.

A história da cidade pode deixar de ser um campo especializado e tornar-se uma seção da história comum, que estuda e confronta precisamente as mutáveis especializações construídas em diversos períodos, todas contingentes e modificáveis.

2. O DESENVOLVIMENTO DA CIDADE MODERNA*

I

A arquitetura moderna é a pesquisa dos modos alternativos para organizar o ambiente construído, partindo dos objetos de uso para a cidade e o território.

Esta definição das tarefas atuais vale também como interpretação do passado e permite considerar a história da arquitetura como história do ambiente construído, produto da presença do homem sobre a superfície terrestre.

A distinção do ambiente humano do ambiente natural e a do ambiente físico das outras circunstâncias, que formam a vicissitude da vida individual e social, são distinções de fato, que cumpre verificar empiricamente em todos os lugares e em todos os tempos. Por isso, a história da arquitetura passa a ser uma seção da história geral e não exige uma metodologia separada. É um dos cortes possíveis que a pesquisa histórica realiza na trama densa dos acontecimentos humanos.

---

* Vinte teses para o Curso de História da Arquitetura na Universidade de Roma, 1975-76.

As relações entre arquitetura e vida individual e social não são fixas e definíveis por via teórica, mas variáveis e sempre novas.

2

As fases principais da história da arquitetura dependem das grandes mudanças dos métodos de produção, que correspondem a saltos do desenvolvimento demográfico:

a) a passagem da coleta para o cultivo dos alimentos, que permite o assentamento estável e integrado da aldeia neolítica (há cerca de 10 000 anos);

b) a formação dos grupos dirigentes – guerreiros, sacerdotes, escribas, artesãos especializados, distintos dos produtores de alimentos – que possibilita o surgimento da cidade e da civilização urbana (há cerca de 5 000 anos);

c) a ampliação desta classe dirigente, em consequência da introdução de aparelhagens mais acessíveis – antes de ferro que de bronze – e da escrita alfabética (há cerca de 3 000 anos);

d) a "revolução comercial" baseada no melhoramento da produção agrícola e artesanal e numa nova organização do trabalho não servil (há cerca de 800 anos);

e) a "revolução industrial", isto é, o desenvolvimento ilimitado da produção e do consumo, que aplica na tecnologia os resultados da pesquisa científica (há cerca de 200 anos).

3

O ambiente contemporâneo caracteriza-se sobretudo pelos efeitos do desenvolvimento industrial: já recebeu no passado, recebe agora e está para receber uma série de transformações, mais profundas e mais rápidas do que as que se registraram em qualquer outra época depois do aparecimento da cidade.

Por conseguinte, é lógico considerar o ambiente anterior a essas transformações como um todo unitário: *a cidade pré-industrial* (que compreende as cidades do passado, antes da revolução industrial, e as cidades do presente ainda não alteradas pelos efeitos daquela).

Nesta perspectiva, as diferenças causadas pelas fases anteriores perdem importância e adquirem relevo as características comuns: a contraposição insuperável entre a cidade (o ambiente da minoria dominante) e o campo (o ambiente da maioria subalterna); os tempos das transformações – mais lentos para o campo,

30

mais velozes para a cidade – mas sempre suficientemente moderados para produzir um sistema sólido onde os desequilíbrios parciais podem ser compensados lenta e gradativamente; a desproporção entre as intervenções humanas e a moldura natural, em que todos os artefatos realizados pelo homem acabam necessariamente integrados; a estabilidade da relação entre os indivíduos, os grupos, as comunidades e o seu ambiente construído, que justifica a ideia da cidade como sede integrada de todo o corpo social.

4

A revolução industrial revolveu e pôs em movimento este sistema.

As principais características da *cidade industrial*, que a tornam diferente da pré-industrial, podem ser resumidas da seguinte maneira:

a) o sistema dos assentamentos está em contínuo movimento e não tende para um novo equilíbrio estável, mas toda transformação faz prever outras, sempre mais profundas e mais rápidas. A aceleração crescente faz perceptíveis as transformações no ano compreendido por uma vida humana: assim a mudança do cenário físico torna-se uma experiência individual, além de coletiva, e a relação tradicional entre vida e ambiente rui: o ambiente já não constitui mais uma referência estável para os destinos variáveis das pessoas, porém renova-se com mais velocidade que as lembranças e os hábitos, exigindo das pessoas um contínuo esforço de adaptação;

b) todas as quantidades em jogo – número de habitantes, de casas, de quilômetros de estradas, quantidade e variedade dos bens e dos serviços – acham-se em processo de aumento e superam de longe os valores conquistados no passado. A mobilidade, em particular, adquire uma importância crescente: os meios de transporte e de comunicação se desenvolvem e se multiplicam, reduzindo sempre mais os obstáculos das distâncias;

c) a distinção entre cidade e campo também está em vias de mudança. A relação entre as duas quantidades vai lentamente se modificando, ou seja, a cidade cresce com mais rapidez que o campo; e, se a população urbana constituía desde sempre uma pequena minoria, agora se torna uma fração cada vez mais consistente e, em perspectiva, uma maioria. Mas sobretudo a distinção entre os dois assentamentos perde o seu caráter inevitável: é mantida e também acentuada

31

por várias razões políticas, porém já não é mais tecnicamente necessária e faz nascer a perspectiva concreta de um novo assentamento unitário, cujas diferenças de densidade sejam reduzidas a diferenças secundárias e livremente modificáveis;

d) todas as vantagens quantitativas e qualificativas do novo sistema de assentamentos – conquanto que distribuídos desigualmente – podem ser tecnicamente estendidas a toda a população e são prometidas, embora não dadas, a toda a população.

A cidade industrial ainda não é certamente a cidade dos iguais entre si, mas na cidade industrial a igualdade deixa de ser uma utopia teórica e torna-se uma proposta praticável.

5

A novidade destas características repõe o problema do controle político. Os métodos tradicionais para gerir a cidade pré-industrial revelam-se inadaptados à cidade industrial e caem em desuso ou transformam-se em obstáculos ao desenvolvimento das novas transformações.

Mas, enquanto a rejeição dos métodos tradicionais se impõe como uma obrigação inevitável, a escolha dos métodos de controle revela plenamente os contrastes entre as classes, e acontece no nível político, que se sobrepõe e muitas vezes contrasta com o desenvolvimento material.

Adotaremos as formas de gestão como critério para distinguir as fases da história da cidade industrial e nos referiremos aos países onde o desenvolvimento industrial começou com antecedência (Inglaterra, Europa Central, Estados Unidos da América) a fim de estabelecer uma série de fases principais, que servirão como referências para todas as outras situações onde as coisas se desenrolaram de maneira diversa. Realmente, as condições gerais do desenvolvimento são as mesmas em toda parte e permitem uma comparação real entre todas as situações; no entanto, as condições particulares são diferentes e produzem a diversidade dos êxitos.

As fases da nossa esquematização podem ser antecipadas, retardadas, saltadas ou invertidas. Assim poremos em evidência as vinculações entre as situações e entre os meios para enfrentá-las.

6

Na primeira fase de desenvolvimento da cidade industrial, a teoria e a prática política acham-se empenhadas na polêmica contra os instrumentos de gestão da cidade pré-industrial; estes, da mesma forma que os outros regulamentos do *ancien régime* no campo econômico e social, são considerados obstáculos a serem eliminados, e cultiva-se a hipótese de que a cidade – como o mundo econômico – poderia desenvolver-se segundo as leis do mercado, sem uma intervenção reguladora da autoridade pública.

Ao interpretar esta tendência, leva-se em consideração que o "livre mercado" constitui a condição requerida pelo capital para desvincular-se da anterior hierarquia social e estabelecer--lhe uma nova. Estender as leis do mercado ao ambiente social não significa, portanto, realizar um ambiente livre e acessível igualmente a todas as classes: significa, pelo contrário, admitir o capital imobiliário ao regime de concorrência que o capital empresarial reclama para desenvolver-se. Mas a livre interferência das intervenções localizadas no território faz surgir uma série de inconvenientes: desordem, congestão, contaminação, que não podem ser eliminados sem novas intervenções da autoridade pública.

A cidade que daí resulta é a *cidade industrial liberal*, o ambiente precário e caótico descrito pelas pesquisas dos reformadores sociais – Blanqui, Chadwick e Engels – e pelos romances populares pouco antes de meados do século XIX.

7

Sobre os inconvenientes da cidade liberal – acentuados pela crise econômica, no pós-guerra, de 1815 em diante – abre-se uma discussão teórica e são indicados dois remédios opostos:

a) os radicais – John Stuart Mill, Herbert Spencer – lamentam a eliminação incompleta dos velhos regulamentos e se opõem à introdução de novos, isto é, levam ao extremo a tese da gestão liberal;

b) os socialistas propõem, ao contrário, formas de assentamento completamente novas – os paralelogramos de Robert Owen, os falanstérios de Charles Fourier, a cidade igualitária de Étienne Cabet – baseadas em normas particularizadas e obrigatórias, isto é, levam ao extremo a tese (alternativa) da gestão planejada.

33

8

No mesmo período (a primeira metade do século XIX) as exigências técnicas produzidas pelo desenvolvimento das infra-estruturas – especialmente das ferrovias, que começam a ser construídas em 1825 – e as dificuldades higiênicas oriundas do crescimento e da concentração dos assentamentos urbanos obrigam as administrações públicas a intervir no território cada vez mais decididamente e com maior frequência.

As etapas desta progressiva interferência do poder público na propriedade privada são:

a) as leis sobre a desapropriação para fins de utilidade pública, necessárias para adquirir as áreas onde serão construídas estradas, ferrovias etc.; as primeiras leis modernas a este respeito são introduzidas na era napoleônica, na França e nos principais Estados europeus;

b) as leis sanitárias, que permitem estender os mesmos processos a zonas inteiras, para executar obras de transformação global. Estas leis tornam-se necessárias depois da passagem do cólera da Ásia para a Europa (1830) e durante muito tempo são contraditadas pelos radicais. As duas primeiras são aprovadas na Inglaterra em 1848 e na França em 1850.

9

O nó essencial destes problemas só emerge quando as classes subalternas – que aguentam esta e outras passividades do desenvolvimento industrial – apresentam-se como um novo interlocutor, independente e notório, na luta política: no movimento cartista inglês de 1844, na revolução de fevereiro de 1848 na França, nos movimentos sociais e nacionais que se registram em vários países de 1848 a 1849 e nos assentamentos políticos sucessivos.

Quanto à conexão entre os acontecimentos históricos gerais e os de nosso campo, vale notar as coincidências das datas:

1847: Manifesto de Cabet: *Allons en Icarie*, última utopia revolucionária;

1848: janeiro, Manifesto Comunista de Marx e Engels;

1848: fevereiro, revolução na França;

1848: primeira lei urbanística inglesa;

1849: publicação do livro de Buckingham que contém a descrição de Vitória, primeira utopia técnica contrarrevolucionária;

1850: primeira lei urbanística francesa, votada pela Segunda
    República;
1851: golpe de Estado de Luís Napoleão. Inicia-se o Segundo
    Império.

10

Os novos regimes conservadores que saem vitoriosos das
lutas de 1848 – o Segundo Império na França, o Estado unitário
imperial de Bismarck na Alemanha, a nova orientação política
dos *tories* de Disraeli na Inglaterra e, mais tarde, o Estado unitário saboiano de Cavour na Itália – abandonam (no domínio da
cidade e em outros domínios) a hipótese liberal e instauram novas
formas de gestão pública.

No nosso campo, a mudança tem dois objetivos:

a) eliminar os obstáculos ao desenvolvimento urbano causado pela
    livre concorrência e interferência das iniciativas imobiliárias;
b) regulamentar – contra a ameaça de um comum adversário: o
    proletariado urbano derrotado na repressão de junho de 1848
    em Paris – os interesses recíprocos do capital imobiliário e do
    restante do capital.

O resultado desta mudança é a *cidade industrial pós-liberal*,
cujo modelo dominante vem a ser a reconstrução de Paris de 1853
a 1869. Ela se baseia num acordo entre a propriedade imobiliária
e a burocracia pública (que representa os interesses gerais do
capital). É reconhecido o espaço de pertença de uma e de outra
e fixa-se com precisão a linha divisória entre os dois espaços.
Esta solução supera e descarta as anteriores hipóteses teóricas: a
completamente liberal e a outra completamente planejada. Al-
cança êxito imediato e arrebatador que suscita nostalgias dos
tradicionalistas, mas faz cessar toda oposição arrazoada dos ino-
vadores e também do movimento socialista.

Durante mais de um século a gestão urbana foi considerada
domínio exclusivo do poder constituído, autoritário ou reformis-
ta, e não possível campo para atacar esse poder.

11

Descrevamos agora tecnicamente a gestão pós-liberal.

A administração pública assegura para si um espaço que é o
mínimo necessário para fazer funcionar o conjunto da cidade: o
exigido para a rede dos percursos (estradas, praças, ferrovias, depois autoestradas etc.) e a rede das instalações (aquedutos, esgotos,

depois gás, eletricidade, telefone etc.). A propriedade imobiliária administra o resto do território, ou seja, os terrenos servidos por estas várias redes (que se chamam urbanizadas); a própria administração, se de um lado deve realizar outros serviços públicos não diretamente ligados ao uso dos terrenos privados (escolas, hospitais, prisões, quartéis, mercados etc.), deve também, de outro, comportar-se como um particular em concorrência com os outros, daí nasce a distinção entre serviços *primários* e *secundários*.

A utilização dos terrenos construíveis depende dos proprietários individualmente (particulares ou públicos); sobre estes a administração só influi indiretamente, com os regulamentos que limitam as medidas dos edifícios em relação às medidas dos espaços públicos e estabelecem as relações entre os edifícios e os espaços livres contíguos. Os *planos reguladores* constituem o quadro de união dos espaços públicos e das limitações regulamentares impostas à utilização dos espaços privados.

Em consequência desta repartição, os proprietários retêm toda ou grande parte da renda absoluta ou diferencial gerada pela urbanização dos terrenos e pelas transformações sucessivas. A administração, ao invés, financia as suas intervenções a fundo perdido, obtém os fundos, efetuando empréstimos e amortizando-os com as arrecadações dos impostos, isto é, onera toda a coletividade com as despesas de formação da renda.

A planta da cidade e a planta das linhas de demarcação entre espaços privados e espaços públicos (os terrenos de frente construíveis). Nestas frentes localizam-se as funções terciárias – comércio, tráfego – que se tornam assim as funções privilegiadas da cidade. Estes terrenos de frente são fixos, ou mudam mais raramente, ao passo que os edifícios que ocupam os lotes construíveis são intercambiáveis, segundo as variações da renda de posição. Desta forma, o aumento da renda condiciona o desenvolvimento e a forma geral da cidade: criam-se as diferenças e realizam-se as transformações que elevam ao máximo esse aumento, comprometendo, ao invés, a estabilidade da relação entre a população e as suas circunstâncias de vida e de trabalho, mantendo as pessoas sempre em movimento.

Com relação à importância das frentes viárias, os terrenos podem ser utilizados de duas maneiras: construindo segundo o alinhamento das ruas ou recuadamente. No primeiro caso se favorece o assentamento das funções terciárias ligadas à rua, mas aceitam-se os transtornos que daí derivam para as outras funções (a residência, o trabalho). No segundo caso, renuncia-se aos vínculos com a rua e ganha-se uma zona de respeito que protege as funções do edifício recuado. Daí procedem as duas formas principais de construção: o edifício de muitos andares ao lado da rua ou as casas ajardinadas, que servem para a moradia e – por atração – para numerosas outras funções (Figs. 2-3).

12

A combinação até aqui descrita atribui aos interesses fundiários (especulativos, anticompetitivos) uma posição privilegiada no desenvolvimento do território, sacrificando proporcionalmente os interesses empresariais (vide o § 13, item *e*) e onerando a administração pública com pesados custos técnicos e econômicos (§13, itens *b*, *c* e *g*). Em troca, os interesses fundiários proporcionam a toda a classe dominante o apoio de um mecanismo discriminante, que onera ainda mais as camadas sociais mais carentes, o que confirma, portanto, as relações de subordinação existentes.

Esta combinação precisa de uma cobertura cultural: a par da gestão pós-liberal, definem-se as posições profissionais dos especialistas que devem fazê-la funcionar mas permanecer estranhos às decisões importantes, reservadas aos dois poderes contraentes. Tais especialistas são:

a) *os engenheiros* que recebem uma formação baseada nas ciências exatas, em doses desproporcionais às aplicações, mas necessárias para transferir às escolhas particulares a abordagem dedutiva das ciências gerais;

b) *os arquitetos* que, pelo contrário, cultivam uma ilusória liberdade em setor separado pela experiência comum (artístico, humanístico, poético).

Estas duas deformações sobrevivem nos programas das faculdades atuais de engenharia e de arquitetura, ainda derivantes dos modelos franceses da segunda metade do século XIX.

13

A cidade pós-liberal contém uma série de contradições:

a) *é demasiado densa*. Com efeito, os construtores tendem a aumentar os edifícios em proporção ao valor dos terrenos, mais no centro e menos na periferia. Mas, enquanto a cidade se amplia, a pirâmide dos valores fundiários se estende e se eleva, de modo que os edifícios são reconstruídos com intensidade cada vez maior sobre os mesmos espaços;

b) *é congestionada, isto é, pobre de serviços primários*. Realmente, a reconstrução dos edifícios aumenta a densidade, mas não

37

Figs. 2-3. Os dois modelos de construção da cidade pós-liberal: a *rue-corridor* ao centro e as fileiras de pequenas casas ajardinadas na periferia. Desenho de Le Corbusier.

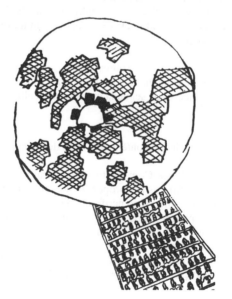

altera (ou altera muito pouco) a largura das ruas; além disso, o crescimento concêntrico carrega todas as novas expansões para fora da rede de ruas e das instalações, que se tornam insuficientes. O progresso tecnológico agrava a congestão porque introduz na rede viária existente outros tráfegos (bonde, automóveis etc.) e exige a instalação de outras aparelhagens (gás, telefone, eletricidade) que é difícil fazer passar nos bairros já construídos;

c) *é pobre de serviços secundários*. Na verdade, na concorrência pela exploração dos lotes, a administração se acha em desvantagem, porque dispõe de menos meios e chega tarde. Por outro lado, o progresso tecnológico multiplica as funções da administração e torna necessários sempre novos serviços secundários (mais escolas, mais hospitais, mercados, matadouros, estacionamentos, aeroportos etc.);

d) *não tem moradias econômicas para as classes subalternas*, que, no entanto, são necessárias para o desempenho das funções urbanas. Na realidade, o valor das casas oferecidas tende a subir mais que a procura, devido à pressão da renda fundiária, e exclui toda a faixa da procura de casas econômicas, exceto a parte que pode ser atendida nas situações mais incômodas e mais carentes da cidade: na extrema periferia, perto das fontes de perturbação (ferrovias, indústrias e instalações prejudiciais);

e) *não tem lugar para as indústrias e as grandes instalações análogas*. De fato, a forma radiocêntrica é imposta pelo privilégio concedido às funções terciárias e não deixa subsistir grandes áreas livres com possibilidade de expansões para as atividades secundárias, salvo às margens externas; mas as margens afastam-se e as indústrias ficam englobadas na parte habitada (com o recíproco transtorno) ou devem transferir-se ainda mais para fora.

As exclusões de indústrias, grandes instalações e habitações para as classes subalternas faz nascer em torno da periferia "normal" uma faixa utilizada de maneira mais precária (arrabalde, *bidonville* etc.), que aos poucos é ocupada pela cidade e se desloca sempre para fora;

f) *é feia* (*mais feia que antes*). Com efeito, a forma física reproduz o automatismo dos mecanismos econômicos e sociais básicos; além disso, perde-se a relação tradicional entre cidade e campo cultivado, que são separados pelo subúrbio semiurbanizado. Daí a importância da simulação estilística e do uso dos monumentos da cidade antiga como cenário de fundo de novas ruas ou praças, a fim de conseguir desta o prestígio formal que falta na cidade nova;

g) *torna perene e crescente o déficit da administração*, que deve pagar os serviços primários e secundários, mas não pode utilizar para este objetivo as valorizações fundiárias. Esta é a contradição mais aguda. Realmente, em definitivo a gestão pós-liberal só funciona nos períodos em que o déficit pode crescer livremente, isto é, quando também os preços aumentam (por isso nos vinte anos de 1850 a 1870, mas não no vintenho 1870-1890, e depois ainda a partir do ano de 1890).

14

Desde o início parece necessário atenuar estas contradições mediante alguns corretivos, que arrolamos na mesma ordem:

a) a densidade crescente é limitada pelos regulamentos, que fixam a exploração admissível para os terrenos e as relações admissíveis entre edifícios e espaços livres, públicos ou privados. Mas o conflito entre a explosão econômica e os regulamentos mantém-se vivo e produz quer uma elevação das máximas regulamentares, quer um difuso hábito de habitações ilegais. Como compensação pela densidade excessiva da cidade são oferecidos alguns grandes espaços públicos (alamedas, praças arborizadas e os parques públicos a que se refere também o item *f*);

b) o aumento populacional (congestão) tem um custo crescente; em todos os casos, a administração deve garantir uma mínima praticabilidade da rede viária e um mínimo funcionamento das instalações, mas deve despender sempre mais para obter sempre menos. Típico produto desta lógica são as redes de ferrovias metropolitanas subterrâneas (metrôs), que substituem os transportes públicos na superfície congestionados pelo tráfego promíscuo das ruas. De um certo ponto em diante, a utilização da rede viária tradicional se torna cada vez mais restritiva (semáforos, mãos únicas, vias exclusivas etc.);

c) a escassez dos serviços secundários pode ser remediada, caso se corrija o item *g*, isto é, se a administração dispuser de mais recursos para adquirir os terrenos e efetuar as obras; a despesa com os terrenos pode ser reduzida, fixando-se um processo de desapropriação favorável à administração, com indenizações mais baixas do que os valores do mercado;

d) a procura de casas econômicas deve ser atendida com uma oferta extraordinária de casas construídas ou financiadas pela administração a preços políticos. Surgem assim os programas de *casas populares*, que satisfazem pelo menos uma parte da demanda;

e) uma localização racional das indústrias e das grandes instalações na cidade exigiria uma modificação da estrutura radiocêntrica, que é impossibilitada pela hierarquia das funções.

O único tipo de ordem compatível com esta estrutura é o reagrupamento dos entulhos industriais num setor da coroa externa, servido por ferrovias ou canais e isolado o máximo possível da cidade: é a *zona industrial*, que desclassifica com a sua presença também a periferia adjacente;

f) os corretivos para a feiura da cidade são: a *parcial conservação do centro histórico*, da qual já falamos; a *decoração urbana*, ou seja, o conjunto dos ornamentos epidérmicos (decorações de fachadas, equipamentos viários, colunas, estátuas, "monumentos"), impostos por regulamento ou supervisionados por comissões adrede, que selecionam também os letreiros das lojas, os cartazes publicitários etc.; a *distribuição do verde* (árvores, canteiros de flores etc.) que reintroduzem ou simbolizam o ambiente natural rechaçado para longe da cidade;

g) o desequilíbrio financeiro da administração pode ser corrigido de duas maneiras: recuperando com impostos uma parte das valorizações retidas pelos proprietários dos terrenos, ou constituindo uma reserva de áreas públicas, adquiridas antecipadamente quando eram agrícolas e prontas para serem urbanizadas, a fim de nelas colocar os serviços secundários e também (se são em quantidade suficiente) para tabelar os preços dos terrenos privados.

Estas correções são introduzidas esporadicamente desde o início da gestão pós-liberal. Tornam-se um sistema coerente, que modifica a fisionomia geral da cidade, a partir do último decênio do século XIX, quando a favorável conjuntura econômica facilita a solução do desequilíbrio financeiro (item *g*), o movimento socialista se organiza para obter uma série de reformas favoráveis às classes menos favorecidas, e a pesquisa teórica identificou, no nosso campo, uma série de mudanças compatíveis com o equilíbrio dos poderes (que constitui o núcleo político da práxis pós-liberal).

À cidade assim modificada daremos o nome de *cidade industrial pós-liberal corrigida*.

15

Nos primeiros anos do pós-guerra, a pesquisa arquitetônica ultrapassa o ponto de compatibilidade com os interesses constituídos e elabora uma verdadeira alternativa para a cidade pós-liberal corrigida ou não: a *cidade moderna*.

A alternativa individualizada pela pesquisa arquitetônica moderna não deriva de uma análise política da gestão vigente, mas de uma análise científica, por si só neutra para as possíveis utilizações por parte das forças políticas que agem nos cinquenta anos seguintes. Mas, visto que a gestão escolhida pelos interesses dominantes exclui a abordagem científica para as decisões globais (só pede o estudo científico dos quesitos particulares já definidos pelas escolhas interrompidas e oculta a natureza política destas escolhas com o apelo a uma fictícia liberdade artística), a análise científica global começada pela arquitetura moderna transforma-se num instrumento de ruptura: com efeito, é oferecida a uma pluralidade de forças políticas e sociais – os industriais a quem é dirigido o apelo de Le Corbusier, a socialdemocracia alemã, o comunismo soviético –, nenhuma das quais está disposta a levar até o fundo os seus resultados, porque não renuncia (ou não renuncia completamente) ao aparato repressivo da gestão urbana pós-liberal.

16

As fases da pesquisa são impostas simultaneamente pela exigência científica de agir, partindo da análise para a síntese e da reação dos comitentes, que selecionam os resultados da pesquisa, admitindo na prática só aqueles que são facilmente conciliáveis com os interesses e os hábitos vigentes, portanto com os modelos dos elementos, e não das agregações de conjunto.

A primeira fase – situada sobretudo no período entre as duas guerras – diz respeito à análise das funções urbanas (assim classificadas pela Carta de Atenas: *morar, trabalhar, cultivar o corpo e o espírito, circular*) e ao estudo dos elementos funcionais mínimos para cada uma delas.

A segunda fase – situada nos vinte anos depois da Segunda Guerra – refere-se ao estudo dos modelos de agrupamento e leva a definir o conceito da *unidade de habitação*.

A terceira fase, que se prolonga até hoje, tem como argumento central a pesquisa das aglomerações sucessivas, até a dimensão completa e autossuficiente da *cidade* tradicional. Os projetos e as realizações modernas de novas cidades formam uma sequência que compreende: as utopias dos primeiros anos do século XX (as cidades-jardim, a cidade industrial de Garnier); os modelos russos (quase só teóricos) entre as duas guerras; as novas cidades inglesas dos primeiros anos do pós-guerra; as realizações sucessivas na Inglaterra e as novas cidades francesas; as novas capitais artificiais (Brasília, Chandigarh, Islamabad) e os grandes assentamentos planejados do Terceiro Mundo.

As duas últimas fases acham-se ainda em grande escala bloqueadas pela natureza das resistências políticas. A cidade moderna continua sendo ampla gama de modelos teóricos e de

Fig. 4. Uma imagem emblemática do novo espaço urbano moderno: os grandes volumes de construção e as ruas distanciadas no verde. Desenho de Le Corbusier, 1947.

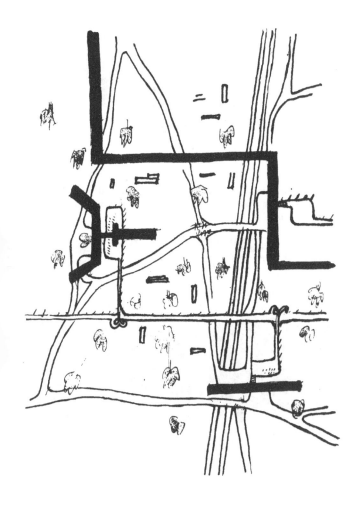

Figs. 5-7. Amsterdam moderna. O plano regulador de 1934, periferia Oeste realizada e o projeto de ampliação a Leste, de Bakema e Van den Broek (1965).

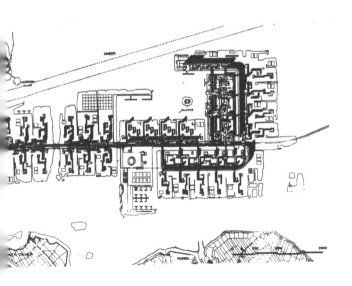

realizações parciais, que ainda não puderam tornar-se uma experiência difundida (Figs. 4-7).

17

Ao invés, os resultados parciais da pesquisa, selecionados politicamente e acolhidos na prática corrente, introduziram na gestão pós-liberal uma segunda série de correções; do segundo pós-guerra em diante encontramos, pois, um modelo ainda alterado, a *cidade industrial pós-liberal recorrigida*. As principais mudanças são duas:

a) a desapropriação generalizada (ou a posse pública de quase a totalidade do território) que coloca a administração em condições de controlar livremente as zonas de expansão por ocasião da urbanização, sistematizar e depois distribuir os terrenos entre os usos particulares e públicos; isto é, desloca a relação entre administração e propriedade no tempo, antes do que no espaço, e resolve radicalmente a dificuldade do item *g*, § 13;

b) a extensão dos programas de construção pública, que interessam à maior parte ou à quase totalidade da indústria de construção, resolvendo por completo, ou quase, a dificuldade do item *d*, § 13. Esta concentração permite, em alguns países, uma industrialização da construção, cada vez mais veloz, no último decênio.

Observamos que estas mudanças concernem às condições preliminares e não ao mérito das propostas da arquitetura moderna. Permitiriam a realização de uma cidade completamente diferente, mas quase sempre levam a reproduzir – ou a deslocar numa escala maior – os mecanismos discriminantes da cidade pós-liberal.
Com efeito:

a) são aplicados em zonas limitadas e induzem naquelas circunstantes as costumeiras transformações da praxis pós-liberal corrigida ou não; isto acontece em escala urbana (se dizem respeito ao *redevelopment* dos centros – sobretudo nos Estados Unidos – e não à periferia) ou em escala territorial (se dizem respeito à realização de novas cidades, sem controlar do mesmo modo as alterações das cidades tradicionais adjacentes);

b) a projeção muitas vezes deixa que se percam as novas oportunidades que o processo fundiário ou organizativo encerra.

18

Em escala internacional, esta situação produziu, nos últimos dez anos, uma polarização de experiências cada vez mais nítidas, que não pode ser considerada um fato contingente e põe em discussão as bases ideológicas da pesquisa moderna.

Efetivamente, em algumas regiões e países – Inglaterra, Europa Central e Setentrional e parte dos Estados Unidos – a pesquisa moderna transformou em larga medida a produção geral e está em suspenso entre uma ulterior correção ou uma alternativa para a gestão pós-liberal (que há mais de um século resiste e estatisticamente apresenta-se ainda como a gestão dominante da cidade industrial).

Em outras regiões – parte da Europa Meridional, Ásia, África e América Latina – as transformações planejadas referem-se a uma parte sempre mais restrita dos assentamentos – a reservada às classes dominantes – e em volta destes crescem, com maior velocidade, os assentamentos não planejados das classes subalternas (ranchos, bairros, favelas, *bidonvilles*, *squatters*, *ishish* etc.) que já não é mais possível considerar marginais porque se tornam uma parte cada vez mais conspícua das novas cidades.

19

Pode-se explicar a diversidade destas situações com os conceitos expostos nas teses anteriores, aplicando-se o método do *desenvolvimento desigual*

O caráter unitário e progressivo das transformações nas cidades europeias depende da continuidade das passagens até aqui ilustradas: a cidade pré-industrial, a cidade industrial liberal, a cidade industrial pós-liberal, a cidade pós-liberal corrigida e recorrigida. O núcleo pré-industrial, especialmente nas suas partes barrocas e setecentistas, é bastante homogêneo quanto aos desenvolvimentos sucessivos e se presta para tornar-se o centro (mais ou menos alterado) da cidade industrial; as fases desta última se apresentam na ordem em que as expusemos e procedem dialeticamente uma da outra.

Ao contrário disso, o caráter fragmentário e regressivo das transformações nas cidades do Terceiro Mundo nasce de uma história diversa: o núcleo pré-industrial é tão heterogêneo que acaba totalmente destruído ou posto à margem de uma cidade completamente nova (o arrabalde nativo junto à cidade europeia); falta a fase liberal oitocentista e se estabelece uma passagem direta da situação pré-industrial para a pós-liberal; faltam as cor-

47

reções da primeira série (não valiam a pena) e as correções da segunda série caracterizam algumas zonas especializadas, enquanto que ao redor aparece uma expansão recente de tipo liberal, que compensa os estrangulamentos de um desenvolvimento demasiado rápido.

Todavia, este método de exposição (que considera uma sucessão normal de fases e depois as suas variantes anômalas) torna-se cada vez menos persuasivo, à medida que as anomalias se consolidam e se transformam antes em regra, do que exceção.

20

No tocante à Itália, tentaremos dar o elenco das mais importantes características do desenvolvimento nacional (a ser confrontado depois com a variedade das situações regionais e locais):

a) as cidades pré-industriais eram numerosas (as cem cidades), amplas e bem aparelhadas, especialmente aquelas que permaneceram como capitais de Estados regionais ou locais; desta forma puderam absorver, sem descompensações, a primeira fase do desenvolvimento seguinte, que preencheu os vazios nas cintas muradas demasiado grandes (Florença, Bolonha, Ferrara etc.); além disso, a degradação dos centros históricos substituiu durante longo tempo a formação dos subúrbios de casebres na periferia;

b) a formação do Estado unitário coincide com o primeiro ciclo da gestão pós-liberal europeia; por conseguinte, os princípios desta gestão ficam incorporados nas instituições e nas leis fundamentais do novo Estado (haja vista principalmente a lei de 1865 sobre a desapropriação);

c) a primeira série de correções para a gestão pós-liberal é introduzida parcialmente no primeiro decênio do século XX, na época de Giolitti (fatos relevantes: a lei Luzzatti sobre as casas populares, datada de 1902, e as duas leis Giolitti de 1906, sobre as áreas, falidas); mas o seu desenvolvimento é truncado entre as duas guerras pelo regime fascista;

d) as grandes transformações urbanas e territoriais ocorrem no segundo pós-guerra, na ausência de uma disciplina urbanística funcionante; hoje se apresenta a recuperação da primeira série das correções (lei-ponte de 1967) e da segunda série de correções (lei 167 de 1962 e lei de 1971 sobre a casa); mas entrementes amadurece – no território e no debate político – a crise da gestão pós-liberal no seu conjunto.

3. PODE A CIDADE MODERNA SER BELA?*

Quais são as condições históricas, que produzem a beleza urbana ou a sua falta? E quais as medidas que se devem tomar para promover a formação da beleza urbana?

Convém começar pela primeira pergunta, que é menos embaraçosa, porque depende de uma análise do passado, próximo e remoto.

Um certo número de cidades pré-industriais são ainda conservadas e habitadas como organismos independentes, únicos, ou como centros de cidades modernas maiores, e parecem-nos mais belas que as cidades e as periferias construídas na época industrial, embora sejam igualmente "artificiais", isto é, diferentes e opostas à paisagem natural.

A Praça Navona, em Roma, demonstra que o ambiente urbano – ou seja, o cenário produzido por uma concentração incomum de artefatos humanos diversos, executados com projetos independentes e em várias épocas – pode alcançar um elevado grau de beleza, diferente mas não inferior àquele de

---

* Informe apresentado na Convenção Ítalo-Japonesa da Universidade Hosei de Tóquio, 1981.

uma pintura feita por um único artista ou de uma paisagem não tocada pelo homem.

Por outro lado, os ambientes modernos de Roma e de Tóquio – onde a concentração e a diversidade dos artefatos são acrescidas por meios técnicos e econômicos muito maiores – resultam menos belo ou até feios e intoleráveis.

Não é fácil indicar o motivo deste contraste e somos obrigados a interrogar-nos sobre o que pretendemos quando dizemos "belo" e "feio".

As definições teóricas tradicionais não nos ajudam e, por outro lado, este assunto está em discussão desde que existe uma abordagem experimental dos mecanismos da mente. Sabemos que no juízo "estético" confrontam-se duas ordens complexas: a da obra a ser julgada e a da mente que julga, formada por sua vez pela superposição de uma estrutura genética e de um patrimônio recebido por educação.

A ordem da obra deve ser bastante similar à da mente para poder ser compreendida e muito dissimilar para desafiá-la. A mente deve reconhecer nela a conformação habitual da sua experiência já adquirida e, ao mesmo tempo, ser surpreendida por uma conformação diferente que vai enriquecer o patrimônio cultural e enfim – a uma velocidade enormemente mais baixa – o patrimônio genético.

Lévi-Strauss tentou descrever deste modo o processo da percepção musical, na introdução do livro *Le cru et le cuit*.

O nível qualitativo deste encontro, que chamamos de "beleza", nasce um difícil equilíbrio entre dois aspectos opostos. Por isso, toda explicação em termos simples (mais ordenado, menos ordenado) torna-se insuficiente e é preciso estudar de perto o objeto considerado, elucidando sua estrutura interna.

Galbraith tenta explicar a falência estética de nossa sociedade – no trigésimo capítulo do livro *New Industrial State* – onde indica três motivos:

a) o primado da produtividade;

b) a ordem confinada na dimensão vertical da empresa e ausente na dimensão horizontal do território;

c) o método com o qual esta última ordem é promovida, mediante o trabalho coletivo e não através do trabalho das personalidades singulares.

Pode-se acrescentar que a organização social hoje em dia está ainda muito longe da complexidade da organização biológica de um homem só (o corpo humano contém um número de células 10 000 vezes maior do que o número dos habitantes da Terra, ligadas por conexões nervosas ainda mais numerosas); por isso, nos cruzamentos decisivos da estrutura social, continua necessário utilizar o filtro das responsabilidades individuais e é inoportuno – ou pelo menos prematuro – atribuir a qualquer um dos mecanismos de coordenação coletiva um valor proeminente.

Talvez a feiura do ambiente industrial assinale uma dificuldade geral da planificação moderna, ao substituir os modos individuais de comportamento. É possível que revele uma dificuldade específica do relacionamento entre o homem e o ambiente artificial que ele produziu, motivada por um grau demasiado baixo de organização dos instrumentos coletivos e por uma estrutura defeituosa, que impede a utilização no devido lugar das contribuições individuais. Baudelaire expressou este mal-estar em 1857, aproveitando uma dolorosa inversão das velocidades de mudança ("la forme d'une ville change plus vite, hélas, que le coeur d'un mortel"*); no passado o homem encontrava o cenário físico menos mudado que o seu coração, como sustento das suas lembranças e ponto de apoio para as experiências novas; presentemente, aquele ponto de apoio malogrou e as lembranças tornam-se mais preciosas e mais pesadas ("mes chers souvenirs sont plus lourds que des rocs"**).

Daí por diante a diferença de velocidade aumentou mais ainda e o homem não descobre – ou não consegue aplicar em larga escala – um método para cicatrizar esta laceração.

Mas convém abandonar as palavras gerais. Voltemos à Praça Navona e procuremos aproveitar a combinação de relações que nos satisfaz, assim, profundamente no ambiente antigo. Os elementos que desempenham uma função sempre igual (paredes, portas, janelas, pilastras, cornijas, parapeitos etc.) conformam-se a um pequeno número de modelos, constantes no material e no desenho; estes elementos servem, porém, para compor um grande número de organismos diversos, para as funções mais complexas e especializadas, e a diversidade dos organismos sobressai justamente por causa da recorrência dos mesmos elementos estruturais em posições sempre novas.

A estrita observância desta regra em épocas diferentes permite transformar a superposição dos artefatos numa série contí-

---

* "a forma de uma cidade muda, infelizmente, mais depressa que o coração de um mortal" (N. do T.).
** "minhas queridas recordações são mais pesadas que rochedos" (N. do T.).

nua e legível, que enriquece o quadro ambiental e lhe dá uma espessura cronológica. As diferenças de qualidade e de época percebem-se antes nos elementos, sendo que as diversidades de traçado e de material são postas em evidência mediante o confronto com a função inalterada. Sobre esta trama simples de evolução dos elementos estende-se a trama complexa da evolução dos tipos de edificação (casas, palácios, igrejas e assim por diante) que correspondem a uma multiplicidade de funções variáveis, tanto no espaço quanto no tempo. Por sua vez, os tipos de construção funcionam como elementos oriundos das agregações ulteriores (ruas, praças, bairros, cidades) onde o leque das variações simultâneas e sucessivas se alarga desmesuradamente, em correspondência com as funções urbanas mais ricas e mais matizadas (Fig. 8).

Esta gama – que esquematizamos em três níveis – oferece a justa combinação de familiaridade e de surpresa. Por um lado, está ancorada na experiência costumeira da relação com os artefatos simples, imediatamente reconhecíveis e desfrutáveis com gestos uniformes; por outro lado, na experiência incomum da relação com conjuntos novos e estimulantes.

A previsibilidade dos particulares – como num conto de Poe e de Kafka – realça a imprevisibilidade das combinações; oferece a possibilidade de mover-se em duas direções ortogonais; partindo da base da experiência cotidiana e imediata: a da continuidade sincrônica e a da continuidade diacrônica; faz com que o espaço e o tempo sejam percorríveis, por um itinerário não completamente esperado nem de todo inopinado.

Após meados do século XVIII este sistema entra em crise devido à revolução industrial e contemporaneamente é reconhecido pelos teóricos como um programa para o futuro. A fórmula de Laugier – "unité dans le détail, tumulte dans l'ensembel" [unidade do pormenor, tumulto no conjunto] – é repetida por Le Corbusier num desenho de 1934, onde compara a Praça dos Milagres de Pisa com o projeto do Palácio dos Sovietes, rejeitado no concurso de 1931 (Fig. 9).

Tais declarações nascem de uma crítica feita ao que acontece habitualmente. Com efeito, a recente arte de construção transtornou os dois termos. Nos bairros periféricos de Roma e de Tóquio vemos antes de mais nada um grande número de elementos muito diversos, feitos com todos os materiais e todos os desenhos possíveis; os organismos distributivos tornam-se ilegíveis e de fato são amplamente padronizados: chalés rodeados por uma nesga de jardim, condomínios com uma escada no meio e dois

52

blocos de apartamentos à direita e à esquerda, grandes edifícios para escritórios separáveis à vontade. As diferenças dos tipos de construção desaparecem depois nas agregações superiores, compreendidos em pouquíssimos modelos uniformes; os alinhamentos viários, o mosaico de elevados prédios que procuram encontrar espaço às custas dos vizinhos.

A liberdade dos projetistas é confinada nos detalhes – que têm uma relação simples e fixa com as exigências dos usuários – e malogra para os conjuntos, que têm uma relação variável e complexa.

As diversidades dos particulares resultam fastidiosas, porque não estimulam significativas variações de experiências concretas; a uniformidade dos conjuntos nivela, ao contrário, a variedade dos usos e das aspirações e deriva, antes, da pressão dos fatores externos: a valorização dos terrenos particulares próprios para construção e as normas regulamentares que estabelecem os limites desta valorização. As duas forças agem em sentidos opostos e imobilizam justamente os modelos de agregação de conjuntos.

A combinação resultante – poderíamos dizer "tumulto nos pormenores, uniformidade no conjunto" – cria obstáculos a uma relação equilibrada entre a cidadania e o ambiente construído, e a perda de beleza é o sintoma imediato deste mal-estar: o que percebemos à primeira vista é uma mistura bem conhecida e insuportável de constrição e de enfado, que encontra confirmação na frequência e no uso.

Desta maneira, a beleza excluída do ambiente de vida cotidiano transforma-se numa experiência excepcional, a ponto de ir procurar em certos objetos especiais – as "obras de arte", retiradas de circulação e guardadas em lugares adequados –, as "galerias" e os "museus", como compensação da feiura e da desolação do resto do dia.

Mas é uma compensação insuficiente, porque precisa procurá-los propositadamente, com uma intenção refletida, que perturba e restringe originariamente a relação comunicativa. Ao invés, as aparelhagens, os edifícios e os bairros que surgiram numa situação histórica anterior e que continuam sendo usados como outrora ou de um modo não demasiado diferente, nos interessam muito mais, porque as ocasiões de percepção, de observação e de reflexão variam mais e são mais completas. Em diversos momentos deparamos com os valores formais, que chegam até nós preparados e despreparados, propositalmente e de surpresa, entremeados com os eventos e os pensamentos da

Fig. 8. Roma. Detalhe da planta de Antonio Tempesta publicado por Giovanni Giacomo de Rossi em 1963. No alto distingue-se o vulto da Praça Navona.

Fig. 9. "Unité dans le détail, tumulte dans l'ensemble". Desenho de Le Corbusier, feito no trem perto de Pisa em 4 de junho de 1934.

vida cotidiana; portanto, com uma riqueza de estímulos bem maior.

A demonstração que oferecem ensina-nos que a beleza não é um valor em si, que se deve procurar por conta própria.

Para conseguir um ambiente bonito é preciso reconhecer o significado complexo e unitário dos artefatos que formam o cenário da vida humana e propor-se melhorá-lo de forma abrangente. É preciso tomar ao pé da letra a promessa de Mondrian: "A arte desaparecerá da vida à medida que a vida for se equilibrando".

Hoje que a arquitetura moderna está sendo interpretada novamente como um estilo entre os outros, é preciso, ao contrário, reconhecer no "funcionalismo" de cinquenta anos atrás a tentativa (parcial e questionável) de reivindicar a integridade da experiência ambiental, onde valores de uso e valores de contemplação devem voltar a coincidir como no passado.

Mies van der Rohe chegou a citar uma frase atribuída a Santo Agostinho: "O belo é o esplendor do verdadeiro". A gente comum pensa do mesmo modo e não está absolutamente interessada na distinção entre o belo e o útil: procura um *bom* sapato, uma *boa* casa, um *bom* bairro, onde "bom" significa simultaneamente cômodo, bem construído, agradável de se ver e a um preço razoável. (Mies dizia: "Não quero ser interessante, quero ser bom".) Nos países de tradição não europeia, como o Japão, não existem palavras diferentes para indicar a beleza e a utilidade como exigências separadas.

O programa da arquitetura moderna quer reformular – com os meios disponíveis em nosso tempo – esta aspiração generalizada no tempo e no espaço. Não se trata mais de uma fórmula ideológica como nos primeiros decênios do nosso século, mas de uma realidade verificada (no bem e no mal) pela experiência de meio século e pode ser descrita em termos históricos, como qualquer outro fato do passado recente.

Para se conseguir isto bastará recapitular a problemática desenvolvida nos dois primeiros caminhos e colocá-la num quadro histórico adequado. A revolução industrial transforma os métodos de projeção e de execução dos artefatos, enquanto os modelos formais acham-se ainda ligados aos protótipos anteriores, e portanto interrompe a secular coerência entre as formas, os processos e os usos, tanto para os elementos como para os conjuntos.

Somam-se os novos artefatos sem uma norma interna (devida às "regras de arte") e sem uma norma externa (devida aos velhos sistemas de controle público que, ao mesmo tempo, são desvalorizados e abolidos); disso nasce um conflito que vem à luz antes de mais nada nos espaços restritos dos aglomerados urbanos – Manchester descrita por Engels em 1845 – e em seguida em todo o território. Logo, se faz necessária uma nova proposta de controle público, imaginada no espaço de vinte anos, de 1850 a 1870, pelos regimes conservadores esclarecidos que saem vencedores depois de 1848 a ponto de corrigir fundamentalmente, neste tempo, a orientação do *laissez-faire* liberal.

Esta proposta (neoconservadora ou pós-liberal) consiste num pacto entre propriedade fundiária e burocracia pública, que repartem o solo da cidade, deixando aos proprietários a renda produzida pelas despesas a fundo perdido das administrações.

Os modelos de conjunto são determinados pela relação entre os dois poderes e subtraídos da responsabilidade dos técnicos, os quais recebem em troca uma "liberdade" ilimitada na escolha das formas elementares. As alternativas dos modelos históricos oriundos dos vários períodos do passado estabilizam-se num repertório abrangente, onde se pode escolher o que se quer (o ecletismo); mais tarde, após 1890, estes modelos são contestados, mas todos os novos estilos são atraídos pela mesma combinação organizativa (que salvaguarda a combinação dos interesses principais) e se aplicam substancialmente apenas aos acabamentos dos edifícios. O ensino, as normas oficiais e a empresa produtora dependem desta organização e contribuem para perpetuá-la.

Desta vicissitude deriva, pela primeira vez na história, a inversão da relação entre os elementos e os conjuntos; o ambiente urbano torna-se inacessível na sua realidade global e os aspectos singulares – a economia, a funcionalidade, a beleza – são tratados separadamente, com instrumentos disciplinares diversos e métodos operativos diferentes; como sabemos, na prática, tornam-se metas incompatíveis que cada um deve promover em detrimento dos outros.

A pesquisa arquitetônica moderna – que começa entre o segundo e o terceiro decênios do nosso século – critica pela primeira vez a combinação abrangente e propõe um novo método de gestão urbana que compreende (simplificando) duas inovações complementares: um novo pacto entre a administração e os operadores, baseado no controle público temporâneo das áreas construíveis (a administração as adquire dos indivíduos anteriores, as urbaniza e cede-as aos novos donos, recuperando o dinheiro gasto; temos evitado propositalmente a referência à propriedade porque esta passagem organizativa concerne igualmente aos países "capitalistas" e "socialistas"); uma nova abordagem livre e científica da projeção, sem os vínculos fundiários do pacto anterior.

O balanço do confronto entre o sistema tradicional e o novo, cinquenta anos depois, é naturalmente diverso nos vários países.

A metodologia moderna tem valor internacional, mas nasceu na Europa e encontrou aplicação mais coerente nos países da Europa Central e Setentrional, onde a urbanização pública possui uma longa tradição: na Inglaterra, Holanda, Alemanha e nos países escandinavos. Aqui vale recordar os lugares onde uma aplicação bastante completa mudou a imagem da cidade e produziu – com novos meios – uma beleza urbana comparável à da antiga: entre as grandes cidades, talvez se ache Amsterdam; entre os programas de novas cidades, o inglês aperfeiçoado há 35 anos; entre a realidade territorial, o sistema dos parques e das áreas protegidas inglesas e alemãs.

A beleza de Amsterdam e de Milton Keynes é bastante similar com a das cidades antigas: há um desenho geral, livremente inventado num terreno completamente disponível, além de um minucioso sistema de controle que torna homogêneas as projeções dos vários edifícios. A planificação pública corrige as dificuldades de espaço e de tempo do moderno sistema de produção: encerra num projeto unitário as opções urbanísticas que no passado eram escalonadas em diversas fases; com as normas e as aprovações supre as regras consensuais sobre as tipologias dos *elementos* e dos *conjuntos*. Não se eliminam as diferenças arbitrárias, mas são abrandadas e razoavelmente diminuídas.

Com efeito, a periferia oeste de Amsterdam – projetada no plano de 1934 e executada nos trinta anos seguintes – nada fica a dever ao centro histórico (o núcleo medieval e o cinturão dos canais semicirculares, desenhado no plano de 1611 e realizado durante os cem anos subsequentes).

Nos Estados Unidos da América o sistema setecentista de urbanização – baseado numa planilha segundo a escala geográfica para a de construção, e completamente tradicional no processo – tem ainda margens enormes de adaptação às exigências modernas: no território coexiste com um ambiente natural ainda quase intacto e sobejante; nas cidades produz uma paisagem desintegrada mas orientada, que adquire uma surpreendente vitalidade onde há logo transformações mais notáveis (basta recordar as áreas centrais de Nova York e de Chicago, com os arranha-céus modernos desenvolvidos na terceira dimensão, partindo das duas primeiras estabelecidas na primeira metade do século XIX; Fig. 10).

Fig. 10. Nova York. Vista axonométrica da parte meridional de Manhattan, desenhada em 1980.

Aqui um desenho urbano regular extremamente simples sustenta e torna aceitável o tumulto dos pormenores e dos conjuntos de construção; mas, onde a densidade diminui, o efeito orientante da planilha planimétrica desaparece e resta somente a desordem dos artefatos em elevação.

Nos países em que a industrialização começou com atraso, as mudanças institucionais e culturais produzem diversas combinações. No sétimo e oitavo decênio do século XIX, a Itália e o Japão receberam novas instituições políticas, que incorporaram rigidamente as regras pós-liberais de gestão urbana concebidas no mesmo período, e hoje em dia oferecem especial resistência à difusão dos métodos modernos; Roma e Tóquio têm também em comum uma aplicação inferior da urbanística pós-liberal, que ocorreu não na fase criativa de 1850-1870 (como em Paris, Viena e Bruxelas), mas na fase de retrocesso de 1870-1890; portanto, com um enfraquecimento da parte pública e uma perda de coerências.

Finalmente, ambos os países permaneceram alheios à experiência moderna entre as duas guerras e não dispuseram de tempo suficiente para orientar segundo os novos métodos o grande frenesi da reconstrução e do desenvolvimento da construção no pós-guerra, mas cultivaram a arquitetura moderna como um processo excepcional, para produzir brilhantes exceções num contexto tradicional.

Desta maneira as cidades – onde uma trama desordenada rege uma paisagem de construção igualmente desordenada – continuarão ilegíveis e desacolhedoras enquanto os edifícios recentes não se tornarem de novo sujeitos modificáveis. Nelas sobressaem os centros históricos como dramáticos testemunhos de uma beleza urbana perdida; os monumentos e as obras modernas como imagens isoladas de beleza que não se unem para formar nem uma colagem como em Manhattan, nem um organismo contínuo como em Amsterdam.

Nos países do Leste europeu existe uma planificação pública do território, mas com um grau de organização demasiado baixo e inadequado para a complexidade das exigências atuais: uniformidade sem tumulto, que não está em condições de tornar--se coerente em grande escala nem de evitar as rupturas parciais em pequena escala.

Enfim, nos países do Terceiro Mundo as normas de planificação – inclusive a arquitetura e a urbanística – são privilégios reservados a uma minoria dominante, enquanto que o resto das pessoas mora e trabalha em acomodações "irregulares", admitidas e consolidadas. Os centros dos negócios e alguns bairros têm uma aparência semelhante à do resto do mundo mas constituem somente uma parte da cidade; ali perto se forma e se desenvolve, com enorme celeridade, a parte abusiva, constituída de *ranchos*, *barriadas*, *pueblos jovenes*, *squatters*, *gourbivilles*, favelas, *ishish*, que na melhor das hipóteses reproduz algum modelo tradicional posto fora da lei e, na pior, é um mosaico dos refugos da cidade regular: tumulto sem norma e sem significado.

Concluindo: a metodologia proposta há cinquenta anos remanesce amplamente irrealizada no mundo de hoje e poderia também ser definitivamente superada pelo acúmulo mais rápido dos conflitos e das necessidades. Parece impossível melhorar a gestão das cidades grandes com mais de 10 milhões de habitantes, pois que também elas são um produto da gestão tradicional e em fase crescente quase somente nos países atrasados.

A cultura arquitetônica especializada – aquela que se exprime nas revistas, nos simpósios e nos meios de comunicação de massa – está retrocedendo para velhas posições e se mostra disposta a classificar a arquitetura moderna como um penúltimo estilo que se tomou antiquado devido a alguma última novidade.

A tese comum aos defensores do "moderno" e do "pós--moderno" é o retorno à tradicional divisão das responsabilidades que possibilita a solução do nosso problema. Por conseguinte, esta polêmica não nos ajuda. Voltemos a decompor o problema nos seus dados reais, procurando passar dos julgamentos sobre o passado às propostas sobre o futuro. Que medidas devemos tomar para promover a formação da beleza urbana?

Esta é a parte mais difícil do nosso discurso, porque às incertezas da interpretação do passado se juntam as da avaliação das oportunidades do futuro. O diagnóstico é bastante claro, a terapia deriva logicamente dela e é ajustada durante o caminho, e assim o prognóstico é incerto e arriscado.

Para promover a formação da beleza urbana são necessárias estas coisas, por ordem lógica:

1) *Desenvolver o sistema da urbanização pública, de modo a torná-lo preponderante sobre o sistema tradicional da urbanização privada*

Esta exigência – associada aos destinos da arquitetura moderna desde o tempo da declaração de Sarraz (1928) e confirmada pela experiência dos cinquenta anos sucessivos – ainda não foi cumprida na maior parte das cidades modernas e especialmente em Roma e Tóquio.

Não se trata de mudar o equilíbrio entre interesses públicos e privados, porém de colocá-los diversamente, antes no tempo do que no espaço. Os terrenos construíveis devem ser públicos no momento da formação do novo tecido urbano e podem continuar privados antes e depois. A administração intervém na passagem decisiva, para eliminar a renda fundiária como causa deformadora do novo ambiente urbano.

A urbanização pública aparece historicamente como correção minoritária do sistema pós-liberal, a fim de fornecer áreas à construção pública; e em Roma e Tóquio esta fase não avançou.

Em Roma a correção não serviu sequer para sanar os desequilíbrios do mercado tradicional de construção e provocou, nos últimos trinta anos, o surgimento de um mercado abusivo, onde todas as normas urbanísticas – tradicionais e novas – são atropeladas.

A Roma de hoje se apresenta da seguinte forma:

a) centro histórico (cerca de 80 000 cômodos);

b) periferia regular, construída em formas ditadas obrigatoriamente pelo estímulo da especulação e pelas barreiras dos regulamentos (cerca de dois e meio milhões de cômodos). Nela estão incluídas os blocos de edifícios públicos, que repetem mais ou menos as mesmas formas e não se apresentam como uma alternativa para a cidade tradicional, sendo ligadas a um só operador e a um só processo de entrega;

c) periferia abusiva, legalizada em época recente ou distante, mas caracterizada de maneira irreversível pela desordem do processo de formação (cerca de 950 000 cômodos).

O centro histórico – apinhado como está – conserva uma beleza e uma força que tolhem a respiração. As duas periferias são feias em dois modos complementares: a primeira, devido a uma regularidade, e a segunda por causa de uma irregularidade igualmente destituída de significado.

A cisão entre as duas cidades demonstra que nos países ditos "avançados" pode ocorrer uma marginalização ambiental que não depende de uma marginalização econômica e social, mas é causada por mecanismos "culturais" que podem ser remediados com uma reforma limitada.

A proposta de desenvolver em larga escala a urbanização pública foi apresentada com insistência nos últimos tempos, mas sempre malogrou. O ponto decisivo é a destinação das áreas adquiridas e aparelhadas pela administração: para todos os operadores públicos e privados e não só para as agências de construção pública.

Em 1977 os representantes dos operadores ilegais propuseram restituir todos os terrenos ocupados e ainda não construídos, se o prefeito fornecesse em troca áreas públicas aparelhadas; mas a administração (de esquerda) não aceitou a proposta, e assim o desenvolvimento abusivo continua. Paralelamente continua a expansão das construções públicas que tem custos proibitivos e é indesejável devido à segregação social que produz.

O obstáculo a superar é político e não econômico. A urbanização pública é uma operação com equilíbrio de partes, já experimentada com êxito em outros países europeus e também em algumas cidades italianas de média grandeza (Modena e Bréscia); há necessidade de uma antecipação bancária nos primeiros 3-4 anos e depois não custa mais nada. Mas concerne a todos os interesses e às instituições tradicionais, em razão dos seus vínculos com a compra e venda dos terrenos.

Somente uma administração sólida e corajosa pode tentar o empreendimento. Roma não se acha entre estas, e de Tóquio falarão os colegas japoneses.

2) *Explorar as oportunidades oferecidas pela urbanização pública com uma projeção e uma produção de construção tecnicamente atualizadas e adaptadas às necessidades das pessoas*

A urbanização pública não basta para criar um novo ambiente melhor; é apenas uma premissa que se deve fazer frutificar com oportunas mudanças nos métodos de estudo e de realização.

A indústria da construção só é uma verdadeira indústria quando permanece associada ao comércio dos terrenos, e a medida de ganho nesta atividade é muito superior ao lucro empresarial sobre a construção dos artefatos. A qualidade intrínseca dos artefatos não conta. Além do mais, as margens da operação, no seu conjunto, tornam admissível um considerável desperdício. Por isso, os projetistas da construção têm um tratamento particular: não são solicitados a joeirar severamente as escolhas tecnológicas, para aumentar as prestações e reduzir os custos, como acontece em outros setores; ao contrário, possuem uma notável margem de liberdade no campo artificial e restrito que se costuma

63

chamar de "estético" e que não acomete as opções importantes necessárias para monetarizar os valores dos terrenos.

Por sua vez, a educação profissional dos projetistas e a de base dos leigos são organizadas de maneira a apresentar os diversos valores – a técnica, a economia, a beleza – em compartimentos separados e não comunicantes.

Em redor da combinação originária entre propriedade fundiária e burocracia pública forma-se, pois, uma combinação mais vasta, da qual fazem parte também os construtores, os arquitetos e os clientes. Todos juntos contribuem para perpetuar as características negativas da paisagem urbana – tumulto nos particulares, monotonia no conjunto – que produzem a feiura das nossas cidades.

O desenvolvimento da urbanização pública deveria desfazer aos poucos os vínculos desta solidariedade e criar as condições para uma indústria da construção avançada, uma projeção rigorosa, um uso consciente da parte dos usuários e um ensino adequado a estas várias exigências. Por outro lado, não se pode esperar que estes efeitos advenham por si sós, em consequência de uma nova combinação institucional. A partir de agora, é preciso tentar modificar os métodos industriais de projeção e de ensino, também nos casos isolados, porque somente uma consciência bem clara das vantagens da nova combinação pode vencer as resistências e promover as necessárias mudanças técnicas e administrativas.

No campo da arquitetura, é lícito pensar que o tumulto nos pormenores, próprio do setor de construção corrente, desaparecerá pouco a pouco, quando estes forem selecionados por uma pesquisa exigente e reiterada, conforme acontece com os manufaturados industriais. Mas é possível antecipar demonstrativamente este processo, a fim de evidenciar o seu efeito complementar, isto é, a infinita liberdade das combinações de conjunto: foi o que fez Mies van der Rohe na última parte da sua vida, seguindo obstinadamente o seu moto enigmático *less is more*.

Descartando rigorosamente o excedente, onde se aninham as escolhas supérfluas, chega-se às formas elementares, onde não se consegue mais distinguir a propriedade tecnológica, a exatidão funcional, o esplendor formal, e se abre a pesquisa dos verdadeiros enriquecimentos nas modalidades de agregação.

Somente um excepcional talento podia conceber e pôr em prática esta operação, resistindo a todas as adulações e pressões contrárias: mas desta maneira acabou desvinculando o resultado da presença do talento excepcional e colocando-o de qualquer modo ao alcance de todos.

64

De fato, os últimos grupos de edifícios de Mies van der Rohe – os complexos de Chicago, de Toronto, de Montreal e de Detroit – constituem a demonstração mais pertinente daquilo que poderia ser a nova beleza urbana própria de nossa época industrial. Abolindo a discricionalidade dos pormenores, destacam-se completamente da paisagem urbana costumeira e realizam nos espaços do Médio Oeste americano a arquitetura sonhada por Baudelaire cem anos antes ("l'enivrante monotonie du métal, du marbre, de l'eau")* como compensação pela desolação da sua casa e do seu bairro parisiense.

Ao mesmo tempo, aceitam o princípio de agregação das *down towns* em que são colocados – a aproximação livre de formas diferentes – e submetem-no à disciplina da pesquisa formal moderna que conhecemos de maneira emblemática na pintura de Mondrian, de Klee e de Kandinsky.

Assim, elevam o resultado ao nível das melhores composições antigas, baseadas na simetria e nas relações prospectivas: corrigem o tumulto sem aprisioná-lo em esquemas preconcebidos, mas só selecionando rigorosamente as suas infinitas variantes.

Os heterogêneos arranha-céus de Toronto, observados a partir das áreas do Dominion Center, adquirem coordenação e dignidade, como se fossem inseridos numa nova ordem geral e irresistível. Justamente o contrário, as infinitas e fastidiosas composições pós-modernas desenhadas nestes últimos anos tentam deixar fora da porta a desordem e ressuscitar naquele canto secundário as cerimônias tradicionais do desenho acadêmico, improponível para o conjunto da cidade.

A beleza é um tema crucial que com o decorrer do tempo pode revelar-se decisivo. No sistema tradicional é apresentada como uma exigência especializada, que na prática se revela secundária: algo colocado no tempo livre, na esfera do entretenimento, respeitada nas palavras mas espezinhada nos fatos. Deve, isto sim, ser colocada na esfera da vida cotidiana, como medida intuitiva e global da qualidade do ambiente em que vivemos.

Se a civilização afluente, aumentando a qualidade e a variedade dos bens, deteriora a beleza do ambiente, todo o "desenvolvimento" atual se revela defeituoso e contraproducente.

Não se remedeiam as coisas, criticando este desenvolvimento, a partir do lado externo e operando num espaço protegido, independente dos fatores econômicos e tecnológicos; isto é justamente o que as forças dominantes oferecem aos artistas, com

* "a enebriante monotonia do metal, do mármore e da água" (N. do T.).

65

uma insistência tão premente (a notoriedade, as compensações hiperbólicas) a ponto de revelar o cálculo subjacente.

Ao invés, é preciso reconhecer as possibilidades libertadoras da tecnologia moderna e desenvolvê-las bastante para incluir no aprestamento do ambiente as exigências hoje cultivadas da "arte" em forma emblemática e provisória.

O objetivo continua aquele indicado por Mondrian em 1922: "A beleza realizada na vida; isto deve ser mais ou menos possível no futuro".

4. A CONSERVAÇÃO DAS CIDADES ANTIGAS*

Na maioria das cidades europeias conservam-se alguns edifícios antigos, no meio da aglomeração atual, os quais circundam algumas praças e algumas vias tradicionais. As outras vias foram alargadas, retificadas ou substituídas por vias e bairros modernos; as igrejas, os palácios e as casas antigas acham-se misturados com edifícios recentes e heterogêneos e sobrevivem num quadro completamente diverso do tradicional.

Nestes casos, não existe mais o organismo da cidade antiga, medieval, renascentista ou barroca: permanecem apenas algumas construções e alguns ambientes isolados, em um novo organismo substancialmente contínuo, do centro para a periferia. Estes episódios da construção ocupam muitas vezes um lugar de honra, pois os monumentos servem de fundo panorâmico para as ruas modernas, as torres das igrejas dominam ainda o perfil da cidade, em concorrência com os arranha-céus; a arte da construção moderna circunstante conserva os entulhos e os acabamentos tradicionais a fim de "afinar", como se diz, com a presença das construções antigas; os monumentos mais

---

* Conferência proferida na Convenção dos ICOMOS de Bruges, 1975.

importantes são restaurados e mantidos como novos, também a preço de enormes despesas.

Tudo isto só contribui para acentuar o contraste entre a cidade antiga que desapareceu e a recente, erguida em seu lugar, onde os lotes particulares são utilizados e reutilizados continuamente, segundo as exigências da renda fundiária, nos limites impostos pela rede dos desempenhos e pelos regulamentos públicos. Este modelo urbano – que se forma em meados do século XIX, mediante um acordo entre a administração e a propriedade imobiliária e que propusemos chamar de "cidade pós-liberal" – é incompatível com o organismo da cidade anterior e na verdade leva à sua destruição, transformando as vias antigas na *rue-corridor* moderna e interpretando os edifícios antigos como unidades imobiliárias independentes e permutáveis; ao mesmo tempo, pede emprestado à cidade antiga o prestígio formal de que sente falta, razão por que não leva a fundo a sua destruição: seleciona alguns edifícios mais ilustres que devem ser conservados numa espécie de museu ao ar livre, como as estátuas e os quadros tirados das igrejas e dos palácios de famílias nobres e ricas e dispostos igualmente nos museus em lugar fechado. Os monumentos e os ambientes característicos devem coexistir com as estruturas e as instalações da cidade contemporânea, porque o interesse formal tem um lugar circunscrito entre os outros interesses heterogêneos da cidade burguesa: os monumentos e as obras de arte contêm as qualidades que faltam ao ambiente comum e permitem experimentar – à guisa de pausa e recreação irregular – a harmonia que se perdeu no resto da cidade e da vida cotidiana.

A conservação destes artefatos isolados levanta por isso um problema circunscrito, cultural ou "estético", como se costuma dizer. É preciso fazer valer o interesse especializado para o testemunho histórico e para a forma artística, a par e muitas vezes contra os interesses econômicos e produtivos, que na cidade contemporânea se tornaram independentes dos primeiros. Todo o mundo sabe como é difícil este confronto: qual o equivalente econômico de uma imagem ou de uma lembrança? Até que ponto se pode sacrificar a funcionalidade ou a renda do ambiente contemporâneo para conservar uma parte do ambiente herdado da história passada? Os estudiosos futuros poderão avaliar o preço que a nossa época atribui a estes interesses, depois que foram isolados e contrapostos aos outros aspectos da vida atual.

Ao aprofundar este quesito chega-se a julgar a cidade contemporânea no seu conjunto, isto é, o modelo pós-liberal que ainda prevalece em larga escala. Se este modelo é rejeitado (uma das maneiras para perceber isto é justamente o inadmissível contraste entre beleza e utilidade, entre obras de arte e ambiente), é importante que se considerem os casos em que a transformação da cidade antiga foi detida por alguma razão, e deixou subsistir o tecido antigo em tal medida que pode configurar ainda um organismo unitário.

Isto vale sobretudo para as áreas mais intensamente povoadas da Europa medieval: a Itália Central, a Planície do Pó, o território entre o Loire e o Reno estudado por Ganshof em 1943. A civilização medieval não produziu grandes metrópoles comparáveis à Roma antiga, ou então com as capitais árabes contemporâneas: Bagdá, Cordova, Palermo, mas um grande número de cidades médias, com uma superfície entre 300 e 600 hectares e uma população entre 50 000 e 150 000 habitantes. Algumas destas cidades – Paris, Bruxelas, Milão e Colônia – cresceram desmesuradamente na época moderna e assim o organismo medieval foi quase completamente destruído, embora alguns dos seus elementos estruturais continuem influenciando com surpreendente eficácia o corpo bem maior da cidade contemporânea: basta pensar na distinção entre a *cité*, a *ville* e a *université* na estrutura de Paris. Muitas outras, ao invés – Veneza, Verona, Bolonha, Florença, Pisa, Siena, mas também Gent, Bruges, Lovaina, Aachen, Lübeck – foram cortadas exteriormente pelas vias-mestras do desenvolvimento sucessivo e só parcialmente transformadas. O centro histórico destas cidades constitui um organismo unitário e bem diferente da coroa dos bairros periféricos. A rede das ruas e dos canais corresponde ainda em parte à antiga, ou seja, forma um sistema coerente em que as novas artérias modernas sobressaem como episódios parciais. As margens da parte habitada são ainda assinaladas pelas muralhas e pelos fossos, ou então pelas alamedas e pelos espaços verdes que os substituíram. As casas antigas formam ainda a maior parte do tecido construído atual, de modo que as casas modernas se distinguem como exceções mais ou menos evidentes (Figs. 11 e 12). Neste quadro físico, habita e trabalha uma população com uma relação entre vida e ambiente, ainda comparável com aquela própria da cidade antiga, e uma história que se liga sem descontinuidade às vicissitudes do passado. Os misteres, os costumes e as lembranças familiais e sociais originam-se muitas vezes no passado remoto e são testemunhos vivos da vida de outro tempo, não menos preciosos que as pedras, que as telas e os livros.

A conservação destes organismos – que compreendem o corpo físico e o corpo social unidos entre si – levanta um proble-

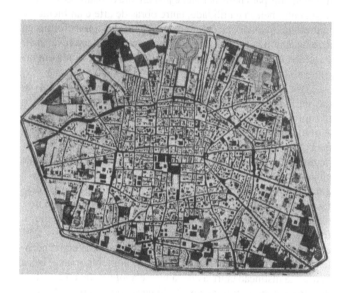

Figs. 11-12. Bolonha. O organismo urbano no início do século XIX e o centro histórico atual onde os edifícios antigos protegidos (em preto) formam ainda um sistema unitário.

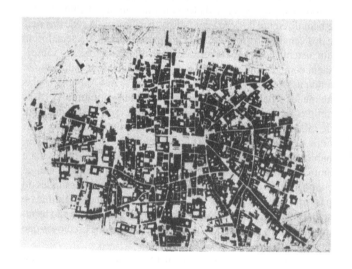

ma bastante diferente do anterior, não só pelo que concerne aos métodos, mas também às motivações e aos objetivos. Com efeito, não interessam como ornamentos secundários da cidade contemporânea, mas como paladinos de um ambiente heterogêneo, mais antigo por origem e ao mesmo tempo mais moderno por vocação e virtualidades de desenvolvimento. Realmente, hoje se contrapõe um modelo diferente à cidade pós-liberal, ao qual convém atribuir o nome de "cidade moderna". Os bairros e as cidades novas – desenhados e urbanizados diretamente pela administração pública – podem tornar-se antecipações do modelo alternativo, mas podem também permanecer englobados no modelo precedente como exceções isoladas e não relevantes. O confronto (mais favorável em alguns países e menos favorável em outros) é de um modo geral absolutamente não decisivo. A tentativa de preservar os centros históricos enquadra-se nesta alternativa e evidencia o seu caráter global, que diz respeito a todo o ambiente construído. De fato, os centros históricos ainda habitados tornam-se a demonstração concreta de que o modelo pós-liberal não é inevitável. Ontem foi possível construir um ambiente diferente e ainda funcionante e amanhã será possível construir um novo ambiente que respeite os mesmos valores essenciais, dos quais as habitações antigas já fazem parte de modo ideal. Por conseguinte, não nos interessam por que são belos ou históricos, mas por que indicam uma possível transformação futura de toda a cidade em que vivemos.

A convivência entre centro histórico e periferia não é fácil em nenhum dos casos até agora arrolados. Os espaços livres da cidade antiga foram preenchidos; as ruas foram invadidas por um tráfego incompatível devido à intensidade e às características técnicas, ou então devem ser defendidas com desvio de trânsito dos veículos; as margens externas não confinam com o campo, mas com as massas compactas dos bairros periféricos do século XIX e inícios do XX. Um grande número de casas antigas foram transformadas em escritórios e grandes lojas comerciais, mal-e--mal conservando a sua aparência exterior. Todas estas modificações comprimem e aviltam a coerência formal e funcional da cidade antiga e constituem as consequências da incompatibilidade estrutural entre os dois organismos. Mas a surpreendente resistência do concatenado histórico a estas transformações demonstra que o mecanismo pós-liberal pode ser impugnado e suspenso.

A intervenção pública pode individualizar e reforçar a coerência do organismo antigo, entendido no seu significado mais amplo (cenário físico, população e atividades). Corrigir as suas carências atuais – físicas, demográficas, funcionais e produtivas – utilizando o modelo tradicional como termo de confronto e de estímulo; compensar e, em perspectiva, inverter a hodierna fraqueza estrutural do organismo antigo com relação ao organismo moderno que o engloba. Hoje em dia, reestrutura-se o centro histórico, partindo da periferia; amanhã é possível que se reestruture a periferia, partindo do centro histórico. Não se trata, de fato, da sistematização de uma zona especial e privilegiada na cidade, mas de um modo de conceber toda a cidade futura, para que possa ser chamada verdadeiramente "cidade moderna".

Nesta perspectiva, o problema da conservação do centro histórico se transforma principalmente num problema social, porque o objeto a tutelar é uma qualidade de vida e não uma forma a contemplar. Esta qualidade pode ser definida de maneira científica – com os métodos da pesquisa social – e não depende mais dos sutis raciocínios sobre o valor histórico e artístico que, em virtude da sua margem de incerteza, sempre acabam perdendo no confronto com os raciocínios econômicos. Os técnicos e os estudiosos têm a tarefa de formulá-la com clareza e os cidadãos podem transformá-la num objetivo político, aceitando-a e defendendo-a como alternativa de vida.

Na Itália, os centros históricos que sobreviveram são particularmente numerosos e importantes. As defesas urbanísticas estão ainda longe de serem adequadas, mas a persuasão geral de que devem ser mantidos intactos funcionou em larga escala na gestão concreta. Assim, muitos destes centros acham-se praticamente intactos no momento atual, e as demolições projetadas pelos planos regulares tradicionais (até os anos cinquenta) permaneceram em boa parte como letra morta.

Hoje se está desenvolvendo uma séria tentativa para inventar uma nova disciplina urbanística, orientada no sentido que explicamos acima. Esta disciplina foi elaborada simultaneamente nestes últimos cinco anos, em diversas cidades da área setentrional e central – Bérgamo, Bréscia, Como, Pádua, Savona, Verona, Vicenza, Bolonha, Ferrara, Modena, Siena – com circunstâncias separadas mas com resultados em ampla medida convergentes. Tentamos resumir por pontos estes resultados, que agora são submetidos ao exame da discussão internacional.

a) No quadro da cidade contemporânea, o objeto a conservar é um organismo unitário e qualitativamente diferente, isto é, a cidade pré-industrial. Esta cidade caracteriza-se em primeiro lugar por uma relação estável entre população e cenário físico:

72

as diversas classes sociais encontram na cidade os seus centros hierarquicamente diferenciados, mas inseridos igualmente na estrutura urbana e portanto integrados num quadro único e duradouro. Ao contrário disso, hoje em dia grande parte da população perdeu o direito originário de sentir-se em sua própria casa em qualquer parte da cidade. Este direito é suplantado por uma combinação de interesses, que expulsa continuamente os habitantes dos bairros já consolidados e alimenta artificialmente a procura de novas construções fora e dentro da zona urbanizada, fomentando a renda absoluta (que deriva da expansão) e a renda diferencial (oriunda da transformação das áreas já construídas).

A destruição contínua do núcleo central e o crescimento contínuo da periferia são as duas componentes, ligadas entre si, deste processo. A divergência dos dados anuais sobre o aumento dos habitantes, sobre o aumento das acomodações e das áreas valorizadas pela construção, exprime a deformação patológica do desenvolvimento em curso, o qual a longo prazo pode levar – e já está levando no Terceiro Mundo – à desagregação do organismo urbano.

O propósito de preservar o centro antigo faz parte de um projeto de desenvolvimento alternativo em relação ao precedente e tem como necessário complemento a limitação do crescimento periférico. O centro é preservado não porque é uma área mais valorizada, mas porque daqui se pode começar a estabilizar a relação entre população e ambiente, partindo de uma estrutura física e social já organizada com respeito a este objetivo. Naturalmente, a estabilização não exclui movimentos ulteriores devidos a livres opções: quer eliminar o movimento forçado, que hoje domina e nivela as opções dos indivíduos e dos grupos.

Este conceito ampliado da preservação foi largamente discutido num dos encontros preparatórios ao ano europeu dos centros históricos (Bolonha, outubro de 1974) e foi adotado na declaração final. Mas, se o escopo parece claro, os meios para alcançá-lo são ainda controvertidos. Com efeito, é preciso orientar a intervenção pública antes para a organização das áreas já construídas, do que para a formação de novas áreas. As leis e os procedimentos tradicionais, concebidos para as periferias, não podem ser aplicados tal como são aos centros antigos e em seu lugar é preciso ter outros instrumentos, que ainda devem ser ajustados e verificados pela experiência.

b) O organismo da cidade pré-industrial caracteriza-se em segundo lugar por uma relação estável entre edifícios e terrenos. Os edifícios não são intercambiáveis, mas cada um é feito para

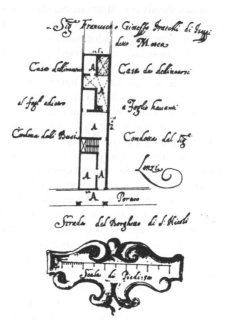

Figs. 13-14. Bolonha. Um dos tipos de construção do centro histórico reconhecidos nos documentos históricos e definido naqueles elaborados pelo plano de conservação moderno.

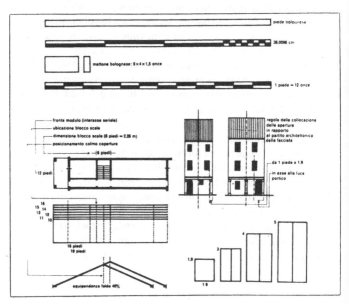

ocupar a longo prazo – na prática indefinidamente – um local da cidade. Por isso são ineficazes nos centros históricos os instrumentos ordinários do planejamento urbanístico, ideados para controlar os elementos quantitativos de um tecido a ser construído e reconstruído continuamente: o zoneamento e o regulamento de construção.

O organismo do centro histórico é constituído de um conjunto de artefatos – edifícios e espaços livres – que deve ser levantado e regulamentado na escala arquitetônica. Para enquadrar em categorias menos numerosas os infinitos casos particulares dos edifícios, é preciso reagrupá-los em classes tipológicas, isto é, reconstruir os modelos de projeção que a seu tempo serviram para concretizá-los e hoje servem para estabelecer os modos admissíveis de conservá-los e transformá-los (Figs. 13-14).

Só em relação às tipologias é possível formular normas precisas e eficazes para a restauração dos edifícios. Realmente, as normas gerais aplicáveis ao conjunto de uma cidade antiga devem fazer referência a conceitos abstratos como a "integridade", a "autenticidade", o "caráter", ou então vagos e opinativos como o "valor artístico", a "importância histórica", e assim por diante. Por isso permanecem imprecisas e não obrigatórias nos casos singulares. Ao invés, as normas referentes a um modelo tipológico se tornam concretas e podem arrolar exatamente as coisas inalteráveis (estruturas, acabamentos materiais), as coisas alteráveis e as novas a serem introduzidas no organismo antigo.

A referência às tipologias serve também para dirimir a velha discussão sobre a coexistência entre antigo e novo, que durante tanto tempo desviou os estudos teóricos e as experiências práticas. Existem alguns artefatos em que a autenticidade material revela alguns valores não reproduzíveis, isto é, a projeção se confunde com a execução e não pode ser repetida: pinturas, esculturas, mas também alvenarias e estruturas da construção em que as variações de tessitura são frequentes e significativas. Nestes casos, o artefato originário não pode ser reproduzido, mas em todos os outros casos, uma vez reconhecido o modelo de projeção, a execução pode ser refeita com maior ou menor fidelidade. Assim, é possível substituir as alvenarias, as carpintarias, os acabamentos e, no limite, reconstruir edifícios inteiros desaparecidos, se é que basta repetir uma vez mais um tipo já repetido no passado e conhecido com suficiente precisão. Esta transgressão das regras tradicionais da restauração é vivamente criticada pelos especialistas, que exigem a preservação autêntica do organismo construído, mas não do organismo urbano, isto é, admitem a conservação de alguns edifícios isolados, a demolição e a reconstrução "livre" de todos os outros. Com efeito, a restauração foi codificada como tratamento excepcional para alguns edifícios notáveis (os "monumentos"), e o verdadeiro objeto da crítica é a conservação do conjunto da cidade, que se insere – como já se disse – numa perspectiva de desenvolvimento alternativa à vigente. Se o conceito de restauração se aplica também à cidade, os edifícios tornam-se peças a ser mantidas, se existem, ou a ser substituídas, se faltam, a fim de completar a integridade do organismo total, como os tijolos ou as colunas de cada edifício. Ao invés, tornam-se inadmissíveis as inserções de edifícios novos na mesma escala daqueles antigos e acaba sendo inútil perguntar se deveriam ser "ambientados" ou "genuinamente modernos". Num centro histórico só podem encontrar-se os edifícios que formam a sua estrutura original, conservados, restaurados ou na medida do possível substituídos com uma margem razoável de fidelidade, segundo os modelos tipológicos originais.

c) O verdadeiro espaço de manobra, para a adaptação dos centros históricos às exigências da vida contemporânea, reside nas áreas já alteradas dentro ou às margens do antigo concatenado. Trata-se das zonas já atacadas anteriormente pelo desenvolvimento pós-liberal e destinadas, segundo esse desenvolvimento, a engrandecer-se ulteriormente, destruindo o resto do tecido antigo. Ao contrário, caso se queira contrastar e inverter este desenvolvimento, elas devem ser consideradas lacunas do organismo originário a serem desobstruídas e recuperadas para poder utilizar melhor o tecido autêntico circunstante.

Quando estas lacunas são pequenas e os edifícios que as ocupam podem ser reconduzidos às tipologias conhecidas, é possível preenchê-las e reconstruir artefatos equivalentes, conforme foi dito no item *b*. Mas, se forem maiores, só resta outra alternativa, tratá-las como vazios disponíveis, a serviço de todo o organismo antigo. Aqui é possível colocar as aparelhagens modernas faltantes ou não inseríveis nos edifícios ou nos espaços livres originais da cidade antiga: sobretudo sistematizações no solo – áreas verdes, campos esportivos, estacionamentos – mas também edifícios especiais heterogêneos em relação aos antigos: hospitais, escolas etc. Somente nestes casos se apresenta com legitimidade a possível inserção de obras arquitetônicas modernas na cidade antiga, absolutamente justificadas pela amplidão dos vazios em que devem surgir, com o corte e a liberdade espacial indispensáveis à arquitetura moderna.

É ainda incerta e difícil a técnica desta recuperação das áreas comprometidas – que Insolera chamou de "substituição urbanística". Os edifícios recentes que ocupam uma destas áreas são por definição permutáveis, e de fato serão de novo demolidos e reconstruídos no devido tempo. A intervenção pública deveria antes inserir-se no jogo das amortizações, a fim de sincronizar as transformações e obter a sistematização unitária da zona; depois, para fazer valer o interesse geral a fim de sistematizá-la como um vazio a serviço do organismo antigo adjacente, contra os interesses particulares que a exploram por conta própria, isto é, para ali construir outros edifícios mais densos e mais custosos, confiscando a renda posicionai de valor crescente. Para a primeira operação bastam os vínculos urbanísticos normais (a proibição da iniciativa individual e a obrigação do compartilhamento). Para a segunda, porém, faltam ainda em grande escala os meios financeiros e os instrumentos jurídicos. Nesta situação, cumpre ao menos salvar a possibilidade de uma intervenção futura, ou seja, evitar todo reinvestimento de dinheiro na zona, que levaria a reincitar desde o começo o ciclo econômico de cada um dos edifícios ou do conjunto.

Esta inversão de tendência da intervenção moderna – que no passado demolia os bairros antigos, assimilando-os às zonas já modernizadas, e no futuro deveria demolir os acréscimos modernos segundo as exigências do organismo antigo – vale como orientação programática geral.

A arquitetura moderna é a busca de uma alternativa – em larga escala ainda contestada e inatual – para o mecanismo urbano pós-liberal. Enquanto inexistem os pressupostos para substituí-lo por um novo mecanismo generalizado, o atual só pode ser contido e sustado e não ilusoriamente corrigido. O centro histórico foge, em princípio, ao mecanismo vigente: formou-se num passado mais longínquo e muitas vezes é o único elemento aceitável do assentamento existente, já pronto para ser incluído na futura cidade moderna. O primeiro passo deste programa é a tutela do centro histórico e a contenção do desenvolvimento periférico; o segundo é a reprojeção do corpo da periferia, partindo do centro histórico e do ambiente natural como termos fixos da equação projetual. A opção de destruir ou preservar os centros históricos remete, portanto, a uma alternativa mais geral: a confirmação das cidades inabitáveis em que vivemos ("estes aglomerados que será preciso demolir", diz Le Corbusier no seu último escrito) ou a tentativa de contrapor-lhe um novo ambiente de vida mais justo e mais humano.

Segunda Parte: O ARQUITETO

5. O QUE É A ARQUITETURA?

5.1. ARQUITETURA E TÉCNICA*

Na cultura tradicional, a técnica e a arte constituem duas atividades distintas, que são confiadas a profissionais diferentes oriundos de escolas diversas. Cada uma das duas atividades tem um caráter universal e na verdade os respectivos modelos escolásticos – a Escola Politécnica e a Academia das Belas-Artes – possuem um título que se refere à pluralidade das especializações dependentes: as várias técnicas e as várias artes.

A arquitetura é uma das artes maiores, junto com a pintura e a escultura. Mas, diferentemente da técnica pictórica e escultórica, a da arquitetura não se considera incorporada na arte e forma uma especialização reconhecida no mundo da cultura tecnológica. Há quase dois séculos existe, pois, um especialista da projeção artística dos edifícios – o arquiteto – e um especialista da projeção técnica dos edifícios – o engenheiro – que deveriam colaborar entre si, mas que a maioria das vezes executam um trabalho independente.

Esta anomalia – que os historiadores do próximo século dificilmente compreenderão – explica por que no campo da pro-

---

* Conferência proferida no Politécnico de Zurique, 1980.

83

jeção da construção surgiu uma discussão sobre os conceitos tradicionais de arte e de técnica, que a um certo ponto pôs em dúvida a sua distinção.

Com efeito, estes dois conceitos pretendem ter um valor absoluto e permanente, mas na realidade funcionam dentro de limites restritos, que dependem das circunstâncias mutáveis da organização social.

A *ars* medieval não contém a distinção entre técnica e arte: os seus produtos são julgados melhores ou piores segundo um critério único de acabamento, que precede e justifica objetivamente os critérios subjetivos de uso e de apreciação da obra; a noção teórica a que se recorre é a perfeição (*perfectio*, de *perficere*). A própria palavra é recorrente nas análises das noções transcendentais, o *ens*, o *verum*, o *bonum*, o *pulchrum*; o que é bom se distingue do ente e o que é belo do verdadeiro, mediante a *ratio perfecti*, isto é, referem-se a um elevado grau de realização ontológica, ao passo que o que é bom se distingue do que é verdadeiro e do que é belo, porque o primeiro diz respeito ao *intelecto*, enquanto que os outros dois à *vontade*. Estas várias noções, todavia, *in subjecto sunt idem* e distinguem-se, afinal, da razão humana, segundo as suas diferentes operações.

Este discurso reconhece dois tipos de diferenças: as primárias e absolutas entre as coisas realizadas; e as secundárias e relativas, entre as contribuições humanas que ajudaram a concretizá-las. Sobre as primeiras diferenças a sociedade medieval construiu as divisões institucionais do trabalho: as corporações, que se referem aos produtos e aos serviços prestados. Sobre as segundas, a sociedade não estabelece uma análoga classificação de posições profissionais nas corporações; permite, assim, um choque direto entre os grupos sociais e deixa emergir os contrastes irredutíveis entre ricos e pobres.

De fato, a organização corporativa funciona vantajosamente na fase de expansão da economia medieval, quando o desenvolvimento da produção busca um objetivo comum para todos os grupos empenhados na corporação, e quando as corporações lutam, juntas, para arrebatar das hierarquias feudais o poder político. Mas a própria organização entra em crise na fase de recessão, de meados do século XIV em diante, quando sobressaem os contrastes internos entre as classes e os grupos. Então parece necessária uma mediação racional destes contrastes, seja como instrumento para evitar que se transformem em conflitos abertos, seja como expediente para legitimar, depois de ocorridos os conflitos, o predomínio dos grupos vencedores. O realismo filosófico tradicional não oferece indícios para esta mediação. O nominalismo sucessivo cultiva o estudo das diferenças de razão e de discurso, mas não está em condições de fazê-las sair da esfera abstrata e de apresentá-las com base para uma nova classificação das tarefas reais.

A esta altura a nova cultura humanística desvaloriza a contenda sobre as noções universais e a ela contrapõe a análise das operações humanas concretas. No nosso campo, ela isola o momento da ideação e o contrapõe à execução. Esta exigência intelectual se torna uma proposta organizativa, isto é, contrasta também os "ideadores" e os executores justificando racionalmente a hierarquia entre uns e outros. Os protagonistas desta mudança não são os arquitetos medievais – isto é, os projetistas e os organizadores dos trabalhos de construção –, porém os produtores de peças excepcionais, ou seja, os pintores e os escultores. Os arquitetos e os seus colaboradores acabam sendo enquadrados na corporação de construção (em Florença, a dos mestres de pedra e de madeira); ao invés, os pintores (que inicialmente são agregados à arte dos médicos, porque compram as suas tintas dos boticários) e os escultores (que pertencem, segundo a matéria trabalhada, à arte dos ourives ou dos lapidados) podem tornar-se famosos por sua grande perícia individual e apresentar-se como peritos na ideação de formas visíveis de todo gênero, desde as imagens pintadas e esculpidas até as obras de construção e os planos urbanos.

Na realidade, uma vez separada da execução, a ideação não tem motivo para ser limitada a uma única categoria de objetos, mas estende-se virtualmente a todos. O escultor (capaz de realizar formas tridimensionais) e o pintor (capaz de realizar formas de duas dimensões, mas que possui um método exato para fazer com que as imagens pintadas correspondam àquelas em relevo) transformam-se no artista universal, que escolhe no campo das formas visíveis – que a perspectiva tornou equivalentes – aquelas às quais prefere dedicar-se. O arquiteto da Renascença não é o herdeiro do arquiteto medieval, mas corresponde a uma das especializações do novo personagem, o artista, já acima da organização corporativa tradicional.

A nova divisão do trabalho não é paralela à antiga, mas atravessa-a perpendicularmente. Libera assim as energias individuais refreadas pela organização tradicional e possibilita uma nova abordagem, unitária e racional, do mundo das formas visíveis, rica de consequências históricas diversas e importantes: a exploração do ambiente geográfico, a projeção geométrica do ambiente urbano, a reflexão geométrica e matemática sobre o universo físico, que antecede o desenvolvimento da ciência moderna.

No século XV, este leque de consequências é ainda potencial e pode ser abraçado como um programa individual, que justamente o magistério do artista tornou unitário: é a tentativa de Leonardo da Vinci. Mas imediatamente após vence a exigência da especialização, isto é, a ciência e as técnicas são praticadas com proveito como pesquisas independentes. A antiga matriz comum, a arte, obstina-se então para manter a sua autonomia: valoriza a instituição para contrapor-se à dedução científica, a espontaneidade para contrapor-se à necessidade tecnológica.

Uma vez estabelecido este dualismo, a pesquisa artística encontra uma nova relação com a pesquisa científica, porque compendia os valores finalísticos e qualitativos expulsos pela pesquisa científica e equilibra os seus resultados específicos, mecânicos e quantitativos. Considerada neste contexto, também a arquitetura muda o seu significado. Até o início do século XVI é considerada uma doutrina geral dos artefatos construídos: de todas as coisas que a pintura e a escultura estão em condições de representar, excluídos justamente os artefatos pintados e esculpidos nos quais se concretiza a representação; abrange, ao contrário, uma vasta gama de objetos utilitários e ornamentais: edifícios, móveis, armas, máquinas. Mas esta identidade resiste somente a um grau bastante simples do desenvolvimento tecnológico; posteriormente a fabricação das várias categorias de objetos se organiza por conta própria, na teoria e na prática. Permanecem no âmbito da arquitetura apenas os artefatos de construção propriamente ditos (e os objetos de mobiliamento considerados acessórios aos anteriores), que estão sujeitos a mudanças tecnológicas menos relevantes, mas que encerram uma decisiva importância social, porque estabelecem a distribuição no setor de todos os artefatos humanos e, mediante as relações espaciais, vinculam muitos aspectos da vida associada.

Os edifícios se distinguem dos outros objetos porque são – ou podem vir a ser – artefatos artísticos, isto é, devem corresponder ao mesmo tempo a requisitos funcionais e a requisitos formais. Com o correr do tempo, os dois tipos de controle tornam-se sempre mais estranhos entre si e a partir dos últimos anos do século XVIII em diante, são executados justamente por pessoas diferentes: o técnico construtor (o engenheiro) e o artista construtor (o arquiteto).

A esta altura a cultura iluminista age contemporaneamente sobre o controle técnico e sobre o controle artístico. Acelera o desenvolvimento tecnológico e muda, portanto, radicalmente as bases materiais da projeção. Ao mesmo tempo, critica o valor permanente dos modelos formais até então vigentes (os do classicismo antigo repropostos no Renascimento) e deixa subsistir apenas a possibilidade de uma imitação deliberada do repertório clássico como de todo outro repertório, deduzido, de outros períodos do passado. Destrói assim a recíproca adaptação da técnica e da arte, que funcionou em alguma medida nos três séculos anteriores, e restringe consequentemente ambos os campos de escolha. A técnica de construção desenvolve os seus processos neutros com relação às opções estilísticas, mas não pode utilizá-los para determinar as formas dos manufaturados, as quais devem ser deduzidas dos estilos arquitetônicos. A arte da construção cultiva uma pluralidade de opções estilísticas, que permanecem na superfície dos artefatos e se tornam muitas vezes uma simples decoração permutável.

A partir de meados do século XIX, esta restrição é utilizada para eliminar tanto os arquitetos como os engenheiros das opções mais importantes da gestão do território, que se fazem entre a burocracia pública e a propriedade fundiária.

Quem não está satisfeito com este resultado levanta de novo o problema da paisagem construída, em toda a sua amplitude e com todos os seus efeitos sobre a vida das pessoas. Em 1881 Morris apresenta esta surpreendente definição da arquitetura: "Ela representa o conjunto das modificações e alterações operadas, devido às necessidades humanas, na superfície terrestre, que fora disso é puro deserto".

Como deve ser organizado o controle dessas modificações, para que correspondam verdadeiramente às necessidades humanas?

Em sua época, o próprio Morris não estava em condições de apresentar uma resposta, com os instrumentos conceituais da cultura tradicional. Era preciso criticar e desencorajar tanto a técnica como a arte tradicional, para chegar a descobrir a responsabilidade unitária, inatingível em ambos os campos.

Este foi o trabalho das duas gerações na fase de transição entre o fim do século XIX e início do século XX. Para os técnicos não se tratava de mudar a abordagem objetiva e científica, mas de desenvolver coerentemente os resultados da pesquisa, que afastavam cada vez mais dos modelos formais reconhecidos. Para os artistas, ao contrário, havia necessidade de destruir todas as regras tradicionais de representação do mundo, chegando até à tela branca de Malevitch e de Kandinsky, a fim de possibilitar a construção de novas formas não vinculadas aos costumes e aos interesses tradicionais.

Nos dois primeiros decênios do nosso século, estas duas buscas aproximam-se muito entre si. Vantongerloo declara: "A ciência e a arte têm as mesmas leis e não está longe o momento em que a arte e a ciência formarão uma unidade homogênea". Os criadores da arquitetura moderna – Le Corbusier, Gropius e Mies van der Rohe – manejam sua extraordinária mestria no sentido da persuasão, não da sugestão: querem convencer o interlocutor, numa discussão racional e controlável, e não sobrepujá-lo num momento de disponibilidade emotiva.

A nova arquitetura tem muitos elementos metodológicos análogos à pesquisa científica – objetividade, transmissibilidade, controle experimental e colaboração coletiva no espaço e no tempo – e pode considerar-se o resultado a extensão do espírito científico num campo tradicionalmente a ele estranho. Por isso acolhe facilmente os resultados da ciência e da tecnologia enquadrada pelas especializações tradicionais. Mas distingue-se desta por suas ambições de independência de todo prévio condicionamento institucional. Conserva a herança da cultura artística de vanguarda dos decênios precedentes e já se mantém em guarda contra a instrumentalização da ciência e da técnica para os objetivos do poder, que será imposta tragicamente nos anos trinta e quarenta.

Vale a pena apontar também para as consequências pessoais e sociais destas opções. Os artistas de vanguarda, empenhados no desmantelamento do mundo das formas tradicionais, foram mantidos à distância e à míngua até que o seu trabalho fosse percebido – com justiça – como uma ameaça aos interesses constituídos, mas podiam sobreviver, apertando o cinto e pintando sozinhos nos seus ateliês. Os arquitetos que continuaram o seu trabalho tiveram que sair dos seus estúdios e restabelecer as relações com a sociedade, a fim de concretizar os seus projetos; depararam com uma infinidade de dificuldades e as superaram pacientemente, a um preço elevado de energias frustradas e de desenhos que ficaram no papel. Ao contrário disso, os pintores e os escultores, seus contemporâneos, encontraram inopinadamente um caminho juncado de sucessos e de lucros, conquanto garantissem que desenvolveriam o seu trabalho nas formas tradicionais, isto é, um trabalho confinado ao mundo do entretenimento, da *fiction*, dos *loisirs*.

Atualmente, a meio século de distância daquela mudança decisiva, a situação continua incerta. A arquitetura moderna deu provas de suas possibilidades, mostrou que pode renovar o ambiente de vida do homem e da sociedade contemporânea, mas aplica ainda uma parte menor da produção, numa minoria de países mais desenvolvidos.

As transformações recentes e aquelas ainda maiores que nos aguardam tornam sempre mais árdua a tarefa indicada pelos mestres, isto é, padronizar de maneira unitária e responsável a multiplicidade das técnicas e das contribuições necessárias para administrar o ambiente vital. Tanto é assim que está em andamento uma tentativa no sentido de voltar ao antigo e de empurrar de novo a arquitetura rumo à antiga posição de "arte bela", autônoma, do mundo tecnológico e produtivo.

A arquitetura, ao invés, não tem nada de próprio a acrescentar ao universo tecnológico, salvo a exigência da coordenação e do respeito às exigências humanas.

5.2. ARQUITETURA E PINTURA*

As relações entre pintura e arquitetura parecem ter sido fixadas, de uma vez por todas, no momento em que o seu conceito foi estabelecido como atividade livre, emergente da multiplicidade das técnicas manuais. Durante quatro séculos, a arquitetura e a pintura, juntamente com a escultura, foram imaginadas e exercitadas como atividades paralelas, designadas pelo nome comum de "artes" ou "belas-artes": e é ainda assim que são visualizadas nos livros didáticos que servem para os estudantes das escolas médias, no currículo das disciplinas ministradas nos institutos de arte e nas universidades, na fraseologia das leis e dos regulamentos.

Considerando os eventos históricos dos últimos cinquenta anos, sabemos que as coisas mudaram e que a individualidade das três artes – bem como o conceito global de "arte" – não são absolutamente estáveis e indiscutíveis.

Houve um período, mais ou menos entre 1905 e 1917, em que pintores e arquitetos trabalharam lado a lado, com um intercâmbio rapidíssimo e rico de recíprocas solicitações. Os arquite-

* Escrito inédito.

tos procuravam um método para estabelecer, sem bases científicas e objetivas, a projeção dos artefatos que formam a cena da vida cotidiana; mas para fazê-lo era preciso eliminar os vínculos herdados da tradição, não apenas recusando a conformar-se com os estilos históricos, mas removendo com um esforço decisivo o enorme acúmulo de modelos, de associações e de esquemas visivos, fixados na memória, nos hábitos e no comportamento de todos, através da educação e da continuidade das referências ambientais.

O trabalho desenvolvido pelos pintores – entre a primeira exposição coletiva dos *fauves* e o início do movimento neoplástico – foi neste momento decisivo não só para a pintura, mas para a arquitetura e a organização do ambiente em que todos devem viver. Desmontar, peça por peça, o velário compacto dos hábitos visíveis, alcançar o estado de lúcida indiferença – a tela vazia de Kandinsky, o "deserto" de Malevitch – apto a descobrir novamente o significado dos fatos visuais mais simples e a combiná-los de maneira nova, tudo isso servia não somente para fazer nascer uma nova pintura, mas para encaminhar uma pesquisa mais ampla que podemos continuar a chamar de arquitetura, que diz respeito ao aparelhamento de todo o conjunto de formas artificiais em que se desenvolve a vida dos homens e que, por isso, em perspectiva, impossibilita a subsistência da pintura como atividade autônoma.

Não pretendo insistir por mais tempo nesta passagem; daqui a cinquenta anos, os estudiosos de história podem reconhecer bem claramente o seu significado e as suas consequências potenciais; mas essas consequências mal afetaram os hábitos e as instituições; continua-se a falar da "arte", e chega-se até a falar cada vez mais, também nas publicações periódicas à venda nas bancas de jornais; os pintores continuam a pintar, os arquitetos a projetar e a construir, os críticos a decifrar, elogiar ou censurar as obras de uns e de outros.

Os visitantes das bienais, trienais ou quadrienais se perguntam se as obras expostas pertencem à pintura ou à escultura, de vez que pintores e escultores adotaram o costume de abandonar as matérias e as técnicas tradicionais. Os estudantes que se matriculam nas faculdades de arquitetura perguntam-se por sua vez – passando dos cursos de análise matemática aos de desenho ao vivo e de plástica – se devem tomar-se técnicos, artistas ou uma mistura dos dois. Mas o prestígio da arte e dos artistas parece mais sólido que nunca, garantido pela multiplicação das exposições de arte, dos prêmios de arte, das publicações de arte, da *Enciclopédia da Arte*, das rubricas de arte nas revistas em roto-gravuras e nos diários, da elevação constante dos preços dos quadros e de todos bens artísticos. Também os arquitetos, nas relações cada vez mais difíceis com os seus fregueses, acham cada vez mais conveniente apresentar-se como artistas, a fim de gozar do respeito que todos parecem dedicar ao mundo da arte.

Este prestígio, porém, não ajuda nem os pintores nem os arquitetos a viverem mais tranquilos. Os pintores têm de enfrentar uma implacável seleção, que se realiza pelas vias obrigatórias das exposições, dos prêmios, das apresentações concedidas pelos críticos, das encomendas dos *marchands*: o resultado de todo este expediente é uma distribuição quase inaceitável das obras pintadas que, depois de uma permanência mais ou menos prolongada no estúdio do pintor ou nas galerias, acabam penduradas nas salas de visitas de uma clientela que não tem nenhuma relação com o pintor e nenhuma razão efetiva para escolher essas obras, mas que segue prevalentemente as solicitações da moda, da publicidade, do cálculo especulativo, ou então do capricho e do acaso. Não existe nenhuma proporção entre o trabalho do pintor – com os escrúpulos, os entusiasmos, a paciência, o rigor empregados – e os efeitos deste trabalho junto ao público que observará as telas momentaneamente numa galeria ou regularmente entre as paredes de um cômodo. Talvez os pintores estejam ansiosos por falar, explicar as suas intenções, porque tentam contrapor-se antecipadamente ao silêncio e à indiferença a que grande parte das suas obras será relegada, mesmo que seu autor se torne famoso.

Por sua vez, os arquitetos podem tornar-se importantes e respeitados como artistas, mas ao preço de sentirem-se excluídos das decisões verdadeiramente importantes: o respeito pela arte vale sob a condição de que não se ultrapassem os limites setoriais estabelecidos tradicionalmente entre a arte e a técnica, entre a arte e a política, entre a arte e os negócios – quem tentar fazê-lo será rejeitado com a máxima energia, embora tenha sido reconhecido como um grande artista, até especialmente neste caso.

Sem dúvida, utiliza-se o clássico postulado da autonomia da arte, como nos tempos de Brunelleschi, de Leonardo, de Bernini; mas então as relações entre a arte e as outras coisas eram fixadas de maneira estável e recíproca. Hoje em dia, a técnica, a economia e a política constituem exigências independentes que recusam qualquer adaptação antecipada às exigências da arte. A autonomia tão decantada se traduz, pois, concretamente, numa subordinação inevitável (basta ver a explosão das atividades editoriais artísticas, que não serve absolutamente para aumentar a confiança do público no mundo da arte, mas para impor os valores tradicionalmente selecionados como uma mercadoria qualquer, fixando-se justamente na sugestão que deriva das avaliações consagradas: oferecem-se ao público "os mestres da pintura e da escultura", os "grandes musicistas", as "obras-primas dos séculos", e assim por diante. O uso do adjetivo "grande" é a medida precisa desta tendência. Quer-se colocar o leitor na condição do público sedentário que se sente esportivo porque aos domingos aplaude, das arquibancadas dos estádios, os inatingíveis craques do futebol, e não quem pratica um esporte e se prepara para competir com quem é mais bravo).

Tudo isto significa que a referência a um sistema comum de valores – justamente os da arte – depois de ter permanecido um dos fatores primários do equilíbrio da vida civil até época recente, sobrevive somente como uma convenção não operante e serve de fato para confinar os artistas num papel subalterno, para isolá-los na sua especialização. Com base neste sistema, tornou-se ilusória e realmente impossível qualquer convergência entre o trabalho de artistas diversos – por conseguinte, entre pintores e arquitetos.

Entrementes, veio a ser manifesta a alternativa nascida do encontro dos primeiros anos do pós-guerra. Desistindo-se de contrapor entre si a forma e a função, a qualidade e a quantidade, é possível considerar de maneira unitária as atividades que servem para modificar a paisagem terrestre com vistas às necessidades do homem e encarar a arte como o estímulo qualitativo que deve ser posto em jogo no processo global, a fim de equilibrar o peso dos fatores mecânicos e reprodutivos. A arte pura pode tornar-se "o laboratório experimental da arte aplicada", segundo a frase de Rietveld, e as artes tradicionais, junto com os fatores técnicos, econômicos etc., podem encontrar uma nova unidade no sistema da arquitetura moderna.

A atual situação organizativa torna, porém, em grande parte inatual este novo enquadramento. Pintores, escultores e arquitetos não encontram o suporte institucional para uma efetiva colaboração e só separadamente podem tender para esta nova unidade – decerto inevitável no futuro –, permanecendo cada um fiel à própria pesquisa independente.

Por conseguinte, é inútil pedir que os escultores e os pintores integrem suas obras nos ambientes dos arquitetos, e que os arquitetos encarem como elementos da sua projeção as obras de arte encomendadas aos pintores e aos escultores. Hoje em dia estas recíprocas adaptações só podem acontecer como anulação da coerência do trabalho de cada um. Os exemplos mais felizes de convivência entre arquiteturas, pinturas e esculturas modernas continuam sendo aqueles não predispostos, onde as pinturas e as esculturas acham-se dentro e junto dos edifícios como peças de mobiliamento ou elementos permutáveis assimilados ao fluxo de homens e de coisas que as arquiteturas devem poder sustentar. Pensamos na *Guernica* de Picasso no pavilhão de Sert, na Exposição de Paris em 1937, e em muitas obras existentes no palácio da UNESCO em Paris.

Existem, ao invés, dois caminhos que podem conduzir à vizinhança da futura integração.

O primeiro é o dos projetistas que cultivam pessoalmente a pintura e a escultura. Neste caso, a unidade se realiza na experiência concreta e permanece toda ela por trás do edifício construído, no qual o autor não deseja colocar também os seus quadros e as suas estátuas, senão incidentalmente. De outro lado, pode acontecer que algumas imagens utilizadas no trabalho de projeção reapareçam como insertos na obra acabada, quase a documentar alusivamente as fases preliminares do trabalho que levou a realizar o edifício. É o que faz Le Corbusier quando imprime nas paredes de cimento das *unités d'habitation* o gráfico do *modulor* ou os emblemas dos seus princípios urbanísticos. Não se trata de esculturas, como nos edifícios do passado, isto é, resultados de uma atividade autônoma e paralela ligada por comuns intenções estilísticas, mas de imagens atinentes a fases diferentes de uma mesma atividade, que se pretendeu aproximar para frisar a continuidade do processo mental de que deriva o edifício.

O segundo é aquele dos pintores ou escultores que não pedem aos arquitetos um impossível esforço de coordenação formal, mas uma ajuda para retificar a organização da procura a que se destinam os resultados do seu trabalho.

Justamente os pintores mais engajados na sua pesquisa sentem o mal-estar, a situação incômoda de se dirigir ao público mediante o diafragma das mostras, dos críticos e dos *marchands* e sentem a necessidade de falar a mais gente e de maneira mais direta. Pedem, portanto, aos arquitetos que cedam lugar às suas obras para expô-las diante das pessoas, nos trajetos e nos lugares predeterminados para a vida cotidiana, para que possam transformar-se em parte da experiência cotidiana, como os edifícios e os equipamentos viários que todo o mundo vê, quando se dirige ao trabalho, volta para casa, ou se reúne com muitas outras pessoas para um espetáculo.

Estas obras devem remanescer "pinturas" e "esculturas" ou tender a tornar-se edifícios e equipamentos melhor desenhados? Nesta pergunta reside a incerteza dos desenvolvimentos futuros.

6. ATÉ QUE PONTO A ARQUITETURA É MODERNA?

Figs. 15-16. Estilo moderno e estilo antigo (ou pós-moderno?). Desenhos de Paul Klee (1925) e Saul Steinberg (1975).

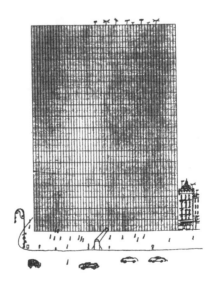

6.1. ARQUITETURA E SOCIEDADE*

Hoje a arquitetura "moderna" é novamente criticada e defendida como uma tendência contraposta a outras, que se chamam "pós-modernas" ou de qualquer outro modo. Há sessenta anos que se repete este gênero de discussão. Desde o início, os adversários da nova arquitetura procuraram colocá-la no quadro do ecletismo tradicional, como um novo matiz na gama variegada das tendências daquele tempo: "a quinquagésima oitava variedade", costumava dizer Frank Lloyd Wright (Figs. 15-16). Então não era possível evitar esta polêmica, porque a arquitetura moderna era um programa realizado somente em pequena parte e apresentava-se na mesma forma dos outros "movimentos" de vanguarda; a sua "diversidade" constituía uma promessa teórica que podia ser discutida amiudadamente e contraditada com outros argumentos programáticos.

Hoje em dia não é mais aceitável uma comparação nestes termos. Já se pode descrever a arquitetura em termos históricos, como uma experiência real desenvolvida em todos os países do mundo. O quadro daí resultante é bem diferente do programa

---

* Conferência proferida na Universidade de Toronto, 1979.

99

originário, mas já deve substituí-lo para todo efeito e formar a base para um julgamento concreto sobre as novas propostas programáticas, pró ou contra.

Para bosquejar uma descrição histórica, é preciso começar pelos elementos do ciclo anterior de experiências, que se inicia na metade do século XIX e se prolonga – contraposto ao ciclo moderno – até nossos dias. Esses elementos são:

a) uma repartição do espaço urbano e territorial entre a administração pública e a propriedade fundiária. A administração detém uma parte menor – as nesgas de terreno para as vias de comunicação, as instalações e os serviços – e fixa as normas legais para o uso de todo o resto, mas deixa que os tempos, os lugares, as formas das efetivas transformações (e os aumentos consequentes de valor) fiquem nas mãos dos proprietários das áreas;

b) uma divisão do trabalho necessário para estas transformações em dois tipos – o técnico e o artístico – distintos na abordagem cultural, no aprendizado didático e nas formalidades burocráticas. Os dois operadores correspondentes – os técnicos e os artistas – ficam excluídos de uma verdadeira responsabilidade na construção do ambiente e reservam-se um campo de opções especiais, circunscrito com cuidado. Os técnicos definem a estrutura de um artefato já vinculado, nos elementos essenciais, pelo compromisso fundiário entre burocracia e propriedade. Os artistas decidem entre as variantes da forma final, conquanto estas resultem igualmente compatíveis com a instalação distributiva e a estrutura subjacentes;

c) uma formulação do repertório formal, donde se deve tirar estas alternativas, que toma o nome de "ecletismo" e inclui todos os modelos oferecidos pelas várias épocas do passado e pelos diversos países do mundo, mas que restringe tacitamente a sua aplicação aos âmbitos já descritos. Assim a perspectiva, herdada da cultura renascentista e incorporada nos processos de divisão fundiária e de cálculo das estruturas, conserva um valor organizativo proeminente, e todas as outras linguagens históricas são relidas em conformidade com ela (o classicismo divulgado até hoje na projeção urbanística e tecnológica não é outra coisa senão o traço persistente desta situação privilegiada). Esta utilização dos "estilos" históricos e geográficos – que não tem precedentes nas outras épocas – produz a ruptura da continuidade com a tradição passada na Europa e nos outros países do mundo: em seguida os vínculos com a história deverão ser restituídos ao estado primitivo por via reflexa.

A arquitetura moderna – nascida a cavaleiro da Primeira Guerra Mundial – é uma proposta alternativa de gestão da cidade, distinta por sua vez de três elementos contrapostos aos anteriores, que convém arrolar em ordem diferente:

a) uma nova abordagem integral da projeção do ambiente construído, que recusa a distinção entre as duas abordagens tradicionais, a técnica e a artística. Usando a linguagem habitual, esta proposta foi descrita como a extensão do método científico ao campo da arquitetura ou como uma alternativa global – e por isso artisticamente controlada – para o mundo das formas visíveis correntes. Os mestres da arquitetura moderna recusaram-se a ser artistas ou técnicos no sentido tradicional e evocaram um tipo de operador diferente, que combinasse a liberdade do artista com a objetividade e o tom prosaico do técnico;

b) um campo mais vasto de escolhas formais, que não depende dos modelos do passado e liberado pela sugestão às regras prospéticas. Nele confluem as experiências das vanguardas pictóricas entre 1900 e 1920, que concluem o ciclo da pintura tradicional e o inserem como parte integrante da pesquisa arquitetônica definida anteriormente. Nas declarações programáticas o novo repertório era considerado antitético ao precedente. Mas a experiência da sua aplicação concreta, na arquitetura e nas outras artes, induz-nos hoje a considerar antes como uma ampliação, que inclui tanto os modelos históricos quanto a perspectiva (recolocada no seu quadro particular) e só rejeita a esquematização eclética destas referências. Maior amplitude produz maior liberdade de projeção do novo ambiente e a queda do formalismo eclético permite recuperar as relações com o passado, enriquecendo simultaneamente a pesquisa histórica e a projetual;

c) uma nova divisão de tarefas entre a administração pública e os operadores, articulada mais no tempo do que no espaço. Toda a área a ser transformada deve pertencer à autoridade pública durante o processo de transformação; depois os terrenos construíveis devem ser distribuídos aos vários operadores públicos e particulares, a um preço que permita recuperar todas as despesas de aquisição e aparelhamento. A completa disponibilidade do terreno para um período limitado constitui a condição para poder efetuar uma nova planta da cidade, cientificamente controlada e livremente imaginada, adaptada, portanto, às necessidades dos usuários. Este dispositivo surge no fim do século XIX, para a concretização das obras de construção pública e é viabilizada como corretivo parcial à gestão anterior, generalizando-se no primeiro pós-guerra como método geral alternativo.

Se hoje voltamos a ler um texto célebre e quase esquecido, a declaração de Sarraz de 1928, redigida durante a primeira reunião dos CIAM, ficamos surpresos ao ver a mistura de afirmações sobre a exatidão científica, a liberdade artística e a organização político-administrativa, que na cultura tradicional deveriam permanecer separadas. Mas justamente a distância de tempo nos permite colocar o documento numa perspectiva histórica, que torna perfeitamente natural essa mistura. Todo movimento cultural ou político – o humanismo, o iluminismo, o romantismo, ou então o liberalismo, o socialismo – é uma construção complexa que inclui vários elementos não homogêneos segundo as práticas do período anterior e cria uma nova homogeneidade no período seguinte. A arquitetura moderna nasce do encontro de várias componentes – a extensão progressiva da pesquisa científica e tecnológica, a radicalização da pesquisa artística, o confronto de várias hipóteses de controle do desenvolvimento urbano – que evoluem separadamente no universo da cultura do início do século XX; a passagem decisiva é a descoberta de um nexo inesperado entre estas coisas, capaz de desbloquear as dificuldades da gestão vigente da cidade e do território.

A novidade desta combinação emerge precocemente e com a máxima clareza nos comportamentos humanos dos mestres que iniciam as suas atividades entre 1910 e 1920, como Gropius, Le Corbusier e Mies van der Rohe. Eles começaram a desempenhar os diversos papéis tradicionais (profissionais autônomos ou inseridos nas instituições, professores, técnicos subalternos) e, do interior destes papéis, cultivaram propostas novas, ultrapassando os interlocutores previstos pela instituições e dirigindo-se ao último destinatário na trama institucional, o homem comum fruidor da arquitetura. Portanto, tratava-se de propostas destinadas a pôr em discussão os papéis e as normas vigentes, mas razoáveis e compreensíveis para todos. Na ocasião, utilizaram o prestígio da apresentação artística para reforçar o tom do discurso persuasivo, não com o objetivo de obter uma momentânea adesão emotiva. Inventaram um estilo de trabalho jamais visto desde o século XVI: uma combinação de poesia e prosa, de audácia intelectual e de adesão à realidade, que ainda não tinha e não tem uma colocação social precisa, de modo que a sua integração na sociedade permaneceu incompleta até o final, como também para os humanistas do Medievo tardio.

A novidade da sua posição evidencia-se, se considerarmos que justamente neste mesmo período – entre as duas guerras mundiais – finda a prevenção da sociedade com relação aos artistas de vanguarda, que passam a ser valorizados e remunerados enormemente, conquanto a sua mensagem permaneça no campo separado do entretenimento, do tempo livre, que a pesquisa moderna começou a erodir. Os próprios arquitetos modernos tornam-se famosos e são solicitados a confundir-se de algum modo com os "artistas". Mas a sua posição cultural introduz uma separação, que os distingue inevitavelmente dos pintores e dos escultores satisfeitos e integrados. Nas suas histórias privadas podem ser identificados como funcionários públicos: Dudok, Van Eesteren, May; professores universitários: Gropius, Mies van der Rohe; profissionais titulares de pequenos estudos: Le Corbusier, Aalto e o próprio Mies. Vários deles cultivam uma relação coletiva de trabalho (temporário, como Le Corbusier e P. Jeanneret, ou definitivo como Brinkmann, Van der Vlut, Van der Broek e Bakema) que nenhum pintor e escultor contemporâneo aceitaria. Jamais conseguem cifras comparáveis com as dos "artistas", e o desnível das compensações é uma medida histórica instrutiva da sua diferente colocação na nossa sociedade. Após a morte de Le Corbusier, seu amigo Claudius-Petit contava que ele – o mais importante arquiteto do nosso século – não vivia com os proventos da sua profissão, mas antes com os direitos autorais dos livros. Os derradeiros dias de Le Corbusier em Cap Martin e de Picasso em Mougins mostram concretamente a diferença de estilo humano e de colocação histórica das duas personagens.

Avaliar a arquitetura de hoje significa verificar em que ponto se acha a passagem entre os dois métodos de gestão da paisagem construída. Visto que ambos são combinações de vários fatores, a passagem admite várias posições intermediárias, que se distinguem das mesclas heterogêneas de fatores pertencentes a um e outro método, como ocorre amiúde na história. Para permanecer em contato com a realidade, convém manter a referência aos modos concretos de agir, e pode ainda servir de fio condutor uma carta de Le Corbusier datada de 6 de outubro de 1953 (Fig. 17), na qual o mestre arrola três deveres dos arquitetos:

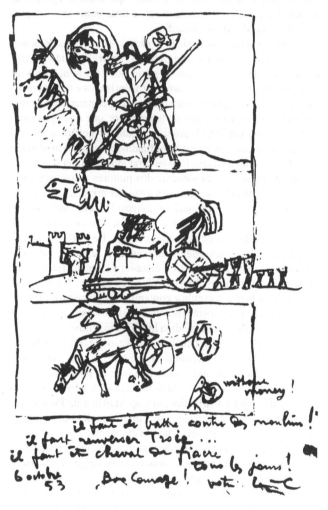

Fig. 17. Uma carta ilustrada de Le Corbusier.

O primeiro é este: "Il faut se battre contre les moulins"*. No quadro mundial, o método de gestão tradicional é ainda em boa medida dominante. O novo processo de urbanização foi aceito quase sempre como exceção a ser inserida no compromisso tradicional entre burocracia e propriedade. O novo repertório formal foi aplicado muito mais amplamente, mas sobretudo nos âmbitos de projeção próprios do método tradicional, isto é, à dimensão da construção determinada pela distribuição fundiária e aos modelos construtivos estereotipados que daí derivam. Tudo isto produziu na prática uma desintegração dos organismos da construção e dos ambientes urbanos. A vastidão das opções possíveis, não ancoradas numa lógica abrangente, desorientou projetistas e executores, deixando subsistir um imenso acúmulo de soluções distributivas casuais, de pormenores improvisados, de acabamentos defeituosos, tornando plausível – na mesma base – a solicitação de um retorno aos modelos formais anteriores.

Por sua vez, a permanência do interesse privado na valorização das áreas e a associação da indústria construtora com a especulação fundiária impedem selecionar em larga escala os produtos arquitetônicos, ainda que só em termos de conveniência econômica. Com efeito, a taxa de ganho especulativo nas transações fundiárias é muito mais elevada que a taxa de lucro empresarial na construção dos artefatos, a ponto de tornar este último irrelevante: a construção é sobretudo um expediente destinado a monetizar o valor potencial de um terreno, e pouco importa se foi projetada e executada bem ou mal. O comitente visa outro resultado e o usuário só deve ser levado a ocupar de qualquer modo o edifício concluído. O arquiteto não é estranho a esta combinação, porque, aceitando um campo de trabalho tão delimitado, conquista em contrapartida uma "liberdade" de invenção formal não investigada por ninguém, cujo reflexo sobre os custos é facilmente contido na margem do lucro fundiário. O debate arquitetônico transforma-se num cotejo dos modos de ocupar esta margem.

O interesse pela valorização fundiária volta-se para as obras públicas e para os bairros construídos em áreas públicas. Mas, se estas intervenções permanecem minoritárias e ocasionais, sofrem a atração dos tipos e dos hábitos vigentes no resto do mercado, e é vão esperar que a sua qualidade seja muito diferente. Na melhor das hipóteses, sobressaem como moldes mais consistentes que uma *collage* urbana sutil que é a característica mais difundida da paisagem urbana nos países desenvolvidos.

* "É preciso bater-se contra moinhos de vento" (N. do R.).

No panorama mundial, pois, o confronto entre o velho e o novo método de gestão conduz a uma alternativa mais grave. Os assentamentos humanos passam por transformações cada vez mais intensas e rápidas, que só podem ser padronizadas onde as inovações modernas formam um sistema coerente e substituíram, de fato, o método tradicional. Onde, porém, a modernização continua subalterna, mas o método e os interesses tradicionais resistiram à prova, os organismos urbanos racham em duas partes: uma para as classes dominantes, onde valem as regras dos projetos e dos planos urbanísticos; a outra para as classes subalternas, na qual as regras não são mais observadas. Sabe-se que no Terceiro Mundo – e também em algumas áreas marginais do mundo desenvolvido, como a Espanha, a Itália e a Grécia – os "assentamentos" irregulares (bairros, ranchos, favelas, *squatters*, *gourbivilles*, *ishish*, aldeias) crescem com velocidade dupla em relação aos "regulares" e estão em vias de se tornarem a maioria dos assentamentos humanos no final do nosso século. Estes fenômenos exigem uma discussão bem mais radical.

Trata-se de reivindicar a própria noção do controle urbanístico e de construção, ou então de contestar todo o aparato público (como aconteceu com os regulamentos do *ancien régime* na primeira revolução industrial) e de enxertar a pesquisa projetual na espontaneidade da autoconstrução, conforme Turner procurou fazer.

Em suma, a difusão da linguagem moderna, como na realidade se deu, piorou de um modo geral a qualidade do ambiente. As regras prospectivas tradicionais – os alinhamentos dos edifícios à beira das ruas, as simetrias, as relações entre alturas e larguras nos espaços públicos – foram abandonadas sem serem substituídas por uma ordem mais razoável. Não pode funcionar a proposta de voltar àquelas regras, porque reforça as condições estruturais – a combinação de interesses entre burocracia, propriedade e "liberdade" artística – que com a sua permanência fechou pela metade a transição entre os dois métodos, põe em risco a integridade dos organismos urbanos. Por conseguinte, deve continuar a polêmica sobre todos os problemas, aceitando os inconvenientes que daí derivam. Os moinhos continuam sempre em pé, depois de meio século de assaltos.

A segunda advertência é oposta à primeira: "Il faut renverser Troie"*.

---

* "É preciso derrubar Troia" (N. do R.).

Nenhum movimento pode subsistir só polemizando contra o que está acontecendo. É preciso que o novo método proposto tenha êxito em algum caso, que demonstre a sua boa qualidade no terreno dos fatos e não só naquele dos programas. Um êxito parcial permite apelar de maneira persuasiva para o público dos usuários (as pessoas acreditam nos fatos, e não nas teorias) e obter depois um êxito maior. A renovação da arquitetura exige intransigência, mas também astúcia e oportunismo para entrar nas muralhas de Troia.

Esta obsessão estava bem presente na mente dos iniciadores da arquitetura moderna e explica a pressa de comprometer-se, de aproveitar as ocasiões, de trabalhar para qualquer comitente que oferecesse espaço para a nova pesquisa, também além dos limites da prudência.

Hoje, sessenta anos de distância, podemos avaliar de um modo geral a soma dos resultados concretos, que formam um patrimônio vastíssimo e múltiplo em qualquer parte do mundo.

Em alguns países europeus o processo de urbanização pública espalhou-se e impôs-se antes do início da pesquisa arquitetônica moderna (na Holanda, na Suécia), simultaneamente (na Alemanha de Weimar) ou logo depois, mas em tempo para canalizar para os terrenos públicos a maior parte do desenvolvimento da construção no segundo pós-guerra (na Inglaterra). Aqui a projeção moderna pôde cimentar-se com temas de oportuna amplitude, livres de vínculos fundiários e ligados entre si pela continuidade da intervenção pública; os resultados iniciais puderam ser corrigidos e aperfeiçoados reiteradamente, por reaproximações sucessivas, isto é, de maneira verdadeiramente científica; as várias exigências econômicas, técnicas e formais puderam ser sintetizadas com sucesso, mediante um oportuno equilíbrio de contribuições individuais e coletivas. Hoje é possível contar, entre os resultados de uma nova civilização arquitetônica, com cidades inteiras: algumas *new towns* inglesas, algumas metrópoles como Amsterdam e Estocolmo e também uma "cidade mundial", como o Randstad holandês, com muitos milhões de habitantes.

Em muitos outros países não aconteceu semelhante integração e as numerosas obras de menor importância – edifícios ou bairros – indicam somente de maneira potencial uma nova disposição abrangente dos assentamentos. Enfim, o objetivo principal enunciado pelos programas teóricos: um "estilo internacional", ou seja, um sistema coerente de regras, comparável ao da tradição eclética, faltou por completo. Não se tentou mais uma seleção dos resultados em escala mundial – apenas entrevista nos repertórios dos anos vinte e trinta, do primeiro *Bauhaus Buch* ao livro de Roth, e também foi posta de lado em 1959 uma possibilidade de confronto como o CIAM. Em 1964, pouco antes de falecer, Gropius reconheceu que "se perdera quase por completo a batalha pela unidade".

Nesta direção se movimentou sozinho, com os recursos de um talento incomparável, Mies van der Rohe nos últimos dez anos da sua vida. O empreendimento que Gropius considerava falido coletivamente – "a pesquisa de soluções fundamentais, passíveis de desenvolvimento, crescimento e repetição" – foi encampado pelo velho mestre como tema do seu trabalho individual e levado à consumação de todo sinal de individualidade, sem diminuir a altíssima qualidade dos resultados. As etapas deste empreendimento são as obras sucessivas para a Seagram – os prédios de apartamentos de Baltimore e de Newark, a ampliação do Museu de Houston, o Arranha-Céu da IBM, em Chicago, a Galeria de Berlim, a extraordinária estação de serviço de Montreal – e sobretudo as esplêndidas disposições de conjunto: o Federal Center de Chicago, o Dominion Center de Toronto, a Westmount Square de Montreal. Os elementos da equação projetual – onde se ocultam as escolhas pessoais não comunicáveis – estão reduzidos ao mínimo; de *pari passu* alarga-se o leque das combinações de conjunto e abre-se uma pesquisa ilimitada (como a que vem de Palladio e se espalha durante dois séculos por todo o mundo), plenamente transmissível pelo mestre aos alunos e aos continuadores. Em algumas obras – concluídas ou postas em andamento logo depois da morte de Mies – não é possível distinguir a mão do mestre daquelas dos outros. Estas obras-primas não avocadas numa esfera individual têm muitos paralelos no passado remoto, mas permanecem isoladas e inatuais no presente e por isso tiveram até agora uma escassa ressonância. O seu significado será certamente reconhecido no futuro, pois elas representam por antecipação um novo estilo unitário, que emergirá ou será definitivamente descartado do curso dos próximos eventos (Figs. 18 e 19).

Fica igualmente suspensa a avaliação de todas as experiências arroladas, num quadro histórico amplo. Elas formam um ciclo coerente, que merece um capítulo distinto na história da arquitetura, mas que pode conservar ou perder a sua pretensa universalidade, conforme conseguir ou não acompanhar as transformações do futuro imediato. É decisivo sobretudo o desafio dos assentamentos "irregulares": se estes estão destinados a prevalecer, cairá a hipótese comum aos dois métodos de gestação concebidos no último século e meio, isto é, a continuidade do controle projetual partindo da escala urbanística para a da construção. A arquitetura moderna pode, então, tornar-se uma variante de uma tentativa falida: um método mais atualizado, para deixar em melhor situação a minoria agora já melhor organizada.

O terceiro conselho diz respeito ainda aos modos de comportamento: "Il faut être cheval de fiacre, tous les jours"*. Esta atitude, escolhida conscientemente pelos pioneiros da arquitetura moderna, há duas gerações, é mais do que necessária hoje em dia, diante da importância dos problemas a resolver e do risco das alternativas abertas.

Os problemas de hoje não podem ser solucionados, ao primeiro golpe, com impacientes formulações teóricas ou sínteses projetuais. Pelo contrário, os críticos e os arquitetos que polemizam com o "movimento moderno" distinguem-se justamente pela falta de paciência e, sequer tentam cambiar as circunstâncias, cultivando, de preferência, o próprio êxito através das circunstâncias vigentes.

O movimento comum à maioria das experiências etiquetadas em antítese ao "moderno" é o desejo de uma cooptação no mercado tranquilo e opulento da "arte" contemporânea. Uma vez dado este passo – isto é, abandonadas as responsabilidades concretas, que foram relegadas mais uma vez a um campo diferente, e reconstruída a especificidade da "composição arquitetônica" no campo da recreação – todo o resto vem por consequência. Abrem-se os canais paralelos do comércio de elite para as obras originais e do comércio de massa para as imagens reproduzidas, que prometem satisfações sociais e econômicas que crescem rapidamente. (Alguns arquitetos ficam em dúvida se devem vender os seus desenhos como instruções para construir ou como "obras de arte" a serem dependuradas nas paredes. Para os outros, o êxito consiste na difusão dos projetos e das fotografias das obras nas revistas e têm como ponto de chegada um livro ou um opúsculo monográfico: os trâmites simplificam-se, se os colegas permutam entre si as partes, para escreverem uns aos outros as monografias.)

Este circuito acelera as mudanças. Toda tendência vive em função do seu êxito junto ao público; quando o interesse diminui, deve ser substituída por uma tendência diferente, e também a escolha do nome exige uma discussão empenhadora (as várias etiquetas propostas nos últimos anos – *post-modern*, *post-industrial*, *super-mannerism*, *modern classicism* – sempre são consideradas velhas pelos seus promotores poucos anos depois). A perda de

---

* "É preciso ser cavalo de carga todos os dias" (N. do R.).

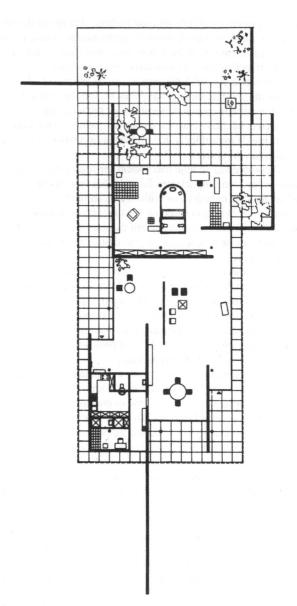

Figs. 18-19. Uma arquitetura demonstrativa de Mies van der Rohe (a planta da casa-modelo apresentada na mostra de Berlim em 1931) e uma arquitetura inserida na cidade (a galeria de arte de Berlim).

atualidade, porém, é compensada imediatamente por uma colocação no panteão da história, e esta consagração é muitas vezes invocada com antecipação. As revistas de arquitetura contemporânea andam cheias de alusões (sumárias e de caráter diletante) aos monumentos do passado e as apresentações individuais ou coletivas já encerram os oportunos paralelos com o passado, que depois servirão para facilitar a conservação e o consumo diferido.

Os arquitetos engajados na *recherche paciente* dos últimos sessenta anos, que continuam trabalhando em todas as partes do mundo, não têm necessidade de travar polêmica com estas personagens e podem muito bem conviver com elas, porque têm um trabalho diferente: uns procuram melhorar o quadro físico em que vivem as pessoas e os outros esperam entrar, pela porta de serviço, no mundo autônomo de comunicação visual.

A pesquisa paciente deve ser melhorada e reorganizada num modo completamente diferente. Os arquitetos não são os únicos que enfrentam os problemas de hoje e devem misturar-se, do modo mais simples, aos outros especialistas empenhados no aparelhamento do cenário construído: técnicos de todos os setores, administradores, juristas, e assim por diante. Neste encontro devem trazer não uma mensagem superior, mas uma liberdade de abordagem para conceber as modificações necessárias para as pessoas, de modo que as escolhas coletivas se deem numa base suficientemente ampla.

Não se deve abandonar a ideia renascentista e eclética da harmonia, mas refundi-la no labor cotidiano, como a gentileza e o bom humor no decurso de um árduo trabalho. A organização cultural que exclui da vida cotidiana a beleza é a mesma que a cultiva num campo separado, transformando-a numa experiência especializada e excepcional. Por isso cumpre optar entre as duas impostações. Continua ainda aberto e muito aquém de resolvido o confronto iniciado no terceiro decênio deste século.

6.2. ARQUITETURA E HISTÓRIA*

A história da arquitetura passada e a projeção da arquitetura hodierna permaneceram ligadas entre si desde o início do século XV. Na Renascença, os monumentos antigos não eram considerados produtos históricos, porém modelos de uma linguagem arquitetônica universal e permanente. Depois da revisão iluminista da segunda metade do século XVIII, a arquitetura passada foi reconhecida e estudada na sua real evolução histórica; contudo, os edifícios antigos – os clássicos e também aqueles pertencentes a outras épocas ou às civilizações não europeias – continuaram a funcionar como modelos da projeção contemporânea até o início do século XX, por um ato de opção codificado no sistema cultural do Ecletismo. O movimento de vanguarda entre os anos 1890 e 1914 e mais decididamente a pesquisa moderna nos anos vinte eliminaram, das opções atuais, as referências históricas e interromperam finalmente – segundo a opinião dos teóricos de então – o secular vínculo entre a história e a projeção.

Passados sessenta anos, vemos as coisas de outra maneira. Antes de mais nada, a própria arquitetura "moderna" tem agora

* Artigo para a revista *Precis* da Columbia University, 1981.

113

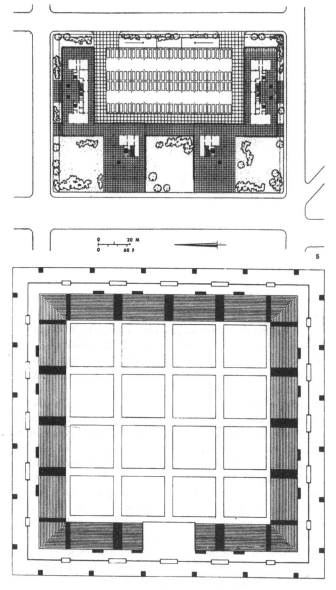

Figs. 20-21. Mies van der Rohe. Plantas dos Commomwealth Promenade Apartments e do Convention Hall de Chicago.

uma história de muitos decênios e deve ser reconhecida no seu desenvolvimento real, no tempo e no espaço. Não se trata mais de um ideal, porém de uma experiência concreta que deve ser julgada pelos seus resultados, e não por suas promessas. Da mesma forma que muitos ideais formulados no mesmo período, a "arquitetura moderna" não pode mais ser considerada um programa para algum futuro desconhecido, mas deve mostrar que pode resolver os nossos problemas de hoje. Sabemos, atualmente, que os problemas e as soluções mudam *pari passu*, e os problemas de amanhã não podem ser resolvidos com os instrumentos culturais de ontem.

Além disso, a arquitetura moderna, interrompendo a utilização dos modelos passados pela prática contemporânea, permitiu um contato mais justo – historicamente determinado – com o patrimônio tradicional e imprimiu um novo impulso aos estudos históricos. As mais importantes contribuições historiográficas a partir dos anos trinta – os *Architectural Principles in the Age of Humanism*, de Wittkower, a *Perspective as Symbolical Form*, de Panofsky, e os *Pioneers of Modern Design*, de Pevsner – derivam deste ponto de vista mudado. Hoje podemos olhar e degustar as obras de Brunelleschi, de Palladio e de Schinkel pelo que realmente são, sem o embaraço da infinita série de imitações feitas no período do Ecletismo.

Este novo relance sobre o passado é uma das fontes das experiências que se chamam "pós-modernas" ou "tardio-modernas". Não pode ser levada a sério a pretensão de que são novas tendências autônomas, em luta para disputar a herança de um "movimento moderno" definido no mesmo modo restrito, já encerrado ou em vias de se encerrar. A arquitetura moderna há muitos anos que deixou de ser um movimento e não há outros "movimentos" semelhantes ou opostos, que ocupem a ribalta por um outro período. A arquitetura não é um espetáculo, mas um trabalho difícil para enfrentar as mutáveis exigências da nossa época. É preciso um amplo leque de instrumentos formais para executar esta tarefa. Toda uma geração de arquitetos em busca destes instrumentos, que surgiram depois do início da pesquisa moderna, podem olhar para o passado como se o vissem pela primeira vez e ficam fascinados com o seu enorme patrimônio, que parece encerrar as soluções prontas para muitos problemas modernos.

Se esta explicação é certa, em poucos anos deveria desaparecer uma semelhante abordagem imediata e acrítica. A excitação da surpresa deveria exaurir-se depois de uma

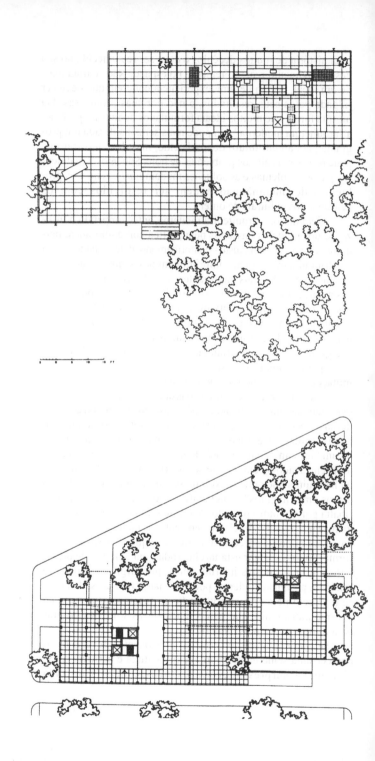

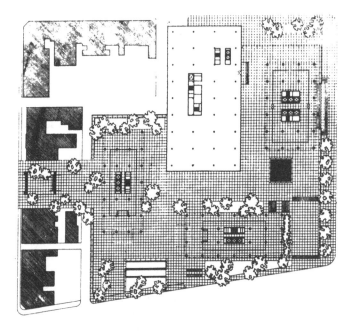

Figs. 22-24. Mies van der Rohe. Plantas da casa Farnsworth, dos Lake Shore Drive Apartments de Chicago e do conjunto Westmount Square de Montreal.

frequentação prolongada das obras passadas e ser substituído por uma nova e meditada familiaridade com a herança do passado. Entrementes, o estímulo da primeira abordagem pode ser utilizado por dois objetivos diferentes: o primeiro é o enriquecimento do vocabulário contemporâneo, se o desafio da arquitetura passada é acolhido em todo o seu alcance, considerando a distância de tempo e as exigências diversas da vida de então e de hoje. O segundo objetivo é uma precária ressurreição do método eclético, se algumas formas passadas, isoladas do seu contexto histórico, são de novo usadas como modelos da projeção contemporânea.

O exemplo mais óbvio de um sistema de formas passadas, que agora é proposto de novo como modelo permanente, é o classicismo, com a sua história de reiterados "renascimentos" depois do final da idade antiga e com o seu código elaborado de normas coletivas, que carecem justamente da prática contemporânea. A simetria própria do classicismo constitui uma das escolhas possíveis para a projeção contemporânea, e de fato foi empregada pelos mestres da arquitetura moderna como Mies van der Rohe. O Seagram Building, os Commonwealth Promenade Apartments e o Chicago Convention Hall são composições simétricas (Figs. 20-21). A casa Farnsworth, os Lake Shore Drive Apartments, o Federal Center de Chicago e os centros de Toronto e de Montreal são composições assimétricas (Figs. 22-24). A Galeria de Berlim e o Campus do I. I..T. são delicadas combinações de simetria e de assimetria (Figs. 25-26). Mas a simetria pode ser também considerada um modelo obrigatório, como em muitos exercícios contemporâneos bem conhecidos, escolásticos e profissionais. Por conseguinte, a opção fundamental não é entre as soluções simétricas ou assimétricas, mas entre a convicção de que as soluções *podem* ser simétricas e a que as soluções *devem* ser simétricas.

Todas as experiências sérias e vitais de hoje pertencem ao primeiro dos dois grupos. O novo parlamento australiano de Giurgola, Mitchell e Thorpe não está organizado em torno de dois eixos de simetria por uma escolha programática, mas porque o lugar já está simetricamente orientado, antes desta intervenção, e só pode ser transformado caso se reconheça tal característica sua (Figs. 27-28).

Na situação atual, a história pode oferecer uma contribuição importante às discussões projetuais. Apresentando as experiências antigas com todos os pormenores, dentro das situações sociais e culturais de origem, a história pode destruir facilmente a

Figs. 25-26. Mies van der Rohe. Planta da Galeria de Arte Moderna de Berlim e do *campus* do I. I. T. de Chicago.

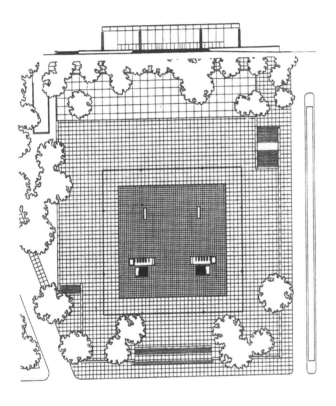

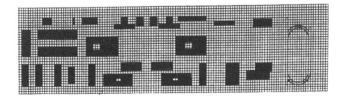

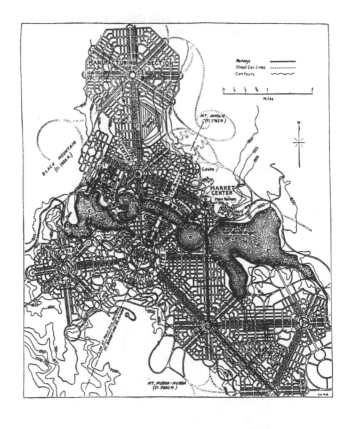

Figs. 27-28. Planta de Camberra (W. B. Griffin, 1913) e planta do novo Parlamento projetado por Gurgola, Mitchell e Thorpe inserido no círculo central da composição.

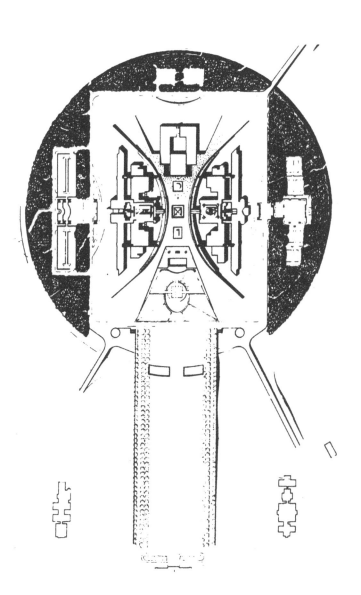

pretensão de que certas formas ou normas arquitetônicas são universais. Os "arquétipos", as "leis eternas da arquitetura", as formas "naturais" dos assentamentos humanos não resistem a uma séria análise histórica. É possível facilmente demonstrar que o classicismo renascentista é uma construção intelectual que começou há menos de cinco séculos e terminou em outro período mais próximo. As regras da arquitetura da Renascença, construídas através de reiteradas tentativas empíricas a partir de Brunelleschi e dos seus continuadores, são combinações históricas complexas e felizes, e não leis gerais fora do tempo e do espaço.

As fundações históricas da cultura arquitetônica moderna, estabelecidas no começo do nosso século, não devem ser abandonadas, porém completadas e ampliadas. A experiência do passado deve ser explorada completamente e documentada com toda a riqueza das suas circunstâncias, destruindo-se assim as pobres e simples aproximações, usadas como modelos da projeção contemporânea. Os edifícios antigos devem ser recolocados no seu espaço e no seu tempo originário, para nos permitirem atuar coerentemente no nosso espaço e no nosso tempo.

7. A CONTRIBUIÇÃO DA HISTÓRIA
PARA O ENSINO DA ARQUITETURA*

1. A Situação Atual dos Estudos de História da Arquitetura

A ordem de estudos ainda vigente para as faculdades italianas de Arquitetura, que fixa o ensino da história nos dois primeiros anos, obedece a uma antiga norma que remonta ao momento em que foram fundadas as primeiras escolas modernas de arquitetura, entre fins do século XVIII e primeiros anos do século XIX.

Convém considerar os motivos deste modelo didático, que funcionou até uma época recente e que hoje embora esteja culturalmente desaparecendo, ainda exerce influência no ensino contemporâneo, com suas consequências organizativas.

No seu significado hodierno, a história da arte começa quando a referência retrospectiva própria da cultura clássica perde suas características universais e meta-históricas e fica de fato, na dependência de uma comprovação particular, historicamente

---

* Comunicação apresentada na Convenção sobre a reforma universitária do Politécnico de Milão, 1964.

123

circunstanciada. Winckelmann interessa-se ainda pela Antiguidade, como todos os teóricos da Renascença em diante, mas deseja "especificar e esmiuçar a matéria de que se trata, indo assim do ideal ao sensível e do geral ao individual".

Justamente o caráter histórico desta verificação impede que se continue fazendo referência unicamente aos modelos antigos; toda a arquitetura do passado é conhecida e estudada na sua objetiva estrutura temporal, e a arquitetura de toda época e de todos os países pode ser usada como modelo para a projeção contemporânea; os argumentos filosóficos, morais e políticos concebidos para justificar a superioridade destes ou daqueles modelos, nas polêmicas que duram até o quinto decênio do século XIX, não podem impedir que o repertório da projeção se amplie, a ponto de coincidir, sucessivamente, com o campo elucidado pelos estudos de história da arte.

São bem conhecidas as consequências da referência histórica no exercício da arquitetura; por isso, não há necessidade de voltar a falar delas. Ao invés, devemos considerar as consequências da referência operativa, no desenvolvimento dos estudos históricos.

Enquanto durar esta referência, a história da arte só será aparentemente objetiva e científica, porque seleciona a arquitetura do passado segundo as exigências da projeção contemporânea; em todas as épocas a história projeta alguns padrões próprios de um passado mais recente; também para a interpretação das experiências medievais, mantém os critérios prospectivos, entre os quais a exigência de se distinguir no complexo urbano cada um dos edifícios, sujeitos a uma organização compositiva unitária; discrimina na produção da construção os edifícios representativos (palácios, catedrais) dos quais com mais facilidade se pode inferir um repertório de formas imitáveis; considera as formas arquitetônicas objeto de uma projeção especializada, diferente daquela das estruturas e das fundações e coordenável com esta, *a posteriori*, sendo obrigada a dissociar sistematicamente as formas passadas das condições técnicas originárias, a fim de poder incluí-las no jogo da projeção presente.

Em todas as escolas que se formam depois da volta neoclássica – tanto na Escola Politécnica como na Academia das Belas-Artes – o ensino da história tem a função precisa de proporcionar os modelos para a composição arquitetônica; esta relação entre o conhecimento do passado e a projeção já se torna clara no primeiro curso de Durand na Escola Politécnica e herdam-na a maioria das escolas subsequentes de engenharia e arquitetura. Os cursos históricos são incluídos nos primeiros anos, como os cursos de matemática e ciências, porque devem preceder as respectivas aplicações nos cursos de composição, assim como nos tecnológicos e de ciência das construções.

Nos cursos de composição, a parte normativa utiliza os padrões produzidos pela pesquisa histórica, ou seja, o repertório dos estilos, como ocorre de modo explícito no curso de Guadet, no final do século; além desta base objetiva, existe somente a contribuição pessoal que cada docente imprime no seu estúdio.

Este modelo didático garante não apenas o equilíbrio interno da cultura artística da época, mas também a coordenação entre cultura artística e cultura científica; permite, ainda, manter fixo o sistema de convenções práticas que possibilitam a mútua inserção das duas componentes em cada caso concreto e que formam o núcleo metodológico da tradição eclética.

Quando este vínculo entre história e projeção é contestado, no último decênio do século XIX, no campo historiográfico reivindica-se a originalidade dos períodos até então excluídos pela tipificação tradicional (Wickoff, Riegl, Wölfflin, Gurlitt) e no limite de cada experiência artística singular (Fiedler, Croce); entrementes, na arquitetura e nas artes aplicadas os artistas de vanguarda pretendem livrar-se do conformismo dos estilos históricos, reivindicando igualmente a plena originalidade das suas experiências.

Para nós, hoje em dia é clara a importância destas iniciativas, que souberam romper uma tradição tão compacta, mas também o seu caráter contraditório, que impede de levar à ruptura até as últimas consequências.

Reivindicando a originalidade qualitativa das experiências passadas e atuais, as vanguardas atuantes entre os anos 1890 e 1914 desacreditaram a metodologia eclética e tornaram independentes a pesquisa histórica e a projeção, mas não eliminaram, nem em um, nem em outro campo, as limitações derivantes da mútua coordenação habitual.

Na projeção desaparece a referência aos estilos históricos, mas o novo repertório formal é apresentado como um "estilo" original, que se deve contrapor aos de imitação; a elaboração deste repertório é reservada ao gosto pessoal do artista, que conserva e acentua a sua liberdade incondicionada, embora se proponha comunicar-se com um público mais amplo.

O repertório técnico, que justamente agora aumenta e se racionaliza com especial rapidez, comporta, ao contrário, uma organização do trabalho totalmente diferente; desta maneira, os dois campos de trabalho permanecem praticamente separados, não obstante declarações teóricas em contrário e continua válido o núcleo da tradição eclética, ou seja, o sistema de convenções que possibilitam a divisão das funções entre técnicos e artistas bem como a sucessiva mútua adaptação.

Na história da arte, uma análoga limitação depende da própria natureza do predicado "arte", cuja distinção dos outros setores da experiência se reivindica com particular insistência, e leva a confirmar parcialmente alguns critérios da tradição eclética:

a) desaparece a classificação das obras por gêneros, mas instaura-se uma hierarquia qualitativa que coincide em larga escala com a anterior e não leva a selecionar de modo diverso a produção passada;

b) desvaloriza-se a noção acadêmica do "edifício", sujeita a uma composição fechada, mas usa-se idêntico cuidado para distinguir, no complexo urbano, a "obra de arte" atribuível à intervenção de um só artista;

c) aprofunda-se a distinção entre valores formais e valores técnicos, reportando-a ao plano teórico, e deixa-se de considerar ou discutir os critérios metodológicos que possibilitam na prática a mútua inserção; assim sendo, de um lado se favorece a sobrevivência destes critérios nos hábitos práticos, afastada das discussões culturais, e, por outro, desiste-se de indagar em torno da integridade dos fatos arquitetônicos, sempre previamente decompostos nas suas componentes homogêneas.

Em consequência disso, nos discursos culturais e nas aplicações didáticas, interrompe-se o antigo vínculo entre a crítica e o exercício da arte.

Em 1914, Fiedler declara:

> Deve-se rejeitar terminantemente a ideia... de que o desenvolvimento de uma nova concepção da arte introduziria necessariamente um novo padrão normativo para a produção artística. Seria um retorno à mentalidade da velha estética. Em nenhum caso a nova visão da realidade pode produzir novos cânones de arte. No seu exercício, a arte deve ser considerada isenta de toda reflexão teórica sobre a própria essência que, por sua vez, só pode dirigir-se ao que a arte até então produziu e não pode absolutamente preocupar-se com o que deveria produzir. E encontra a garantia do próprio valor não nas consequências práticas de uma nova orientação de realização artística, mas na nova luz que esta souber difundir no campo já conhecido da arte de todos os séculos.

Estas exigências geram uma nova pesquisa histórica independente das orientações práticas que parece finalmente objetiva e desinteressada; com efeito, esta "objetividade" é só aparente, porque transporta para o plano teórico uma escolha operativa bem precisa e historicamente circunstanciada, própria das vanguardas europeias entre o último decênio do século XIX e o primeiro do século XX. Esta pesquisa, que logo se institucionaliza no ensino e na praxis literária, tem o efeito de desacreditar os padrões da pesquisa estilística e, em geral, todas as fórmulas críticas ligadas às orientações contemporâneas, cuja validade histórica contesta, embora as tenha em conta como circunstâncias úteis para caracterizar essas mesmas orientações.

É, portanto, compreensível que os iniciadores do movimento moderno tenham querido ignorar a "história da arte"; que Gropius na Bauhaus haja eliminado o ensino da história, enquanto se valia de uma gama de contribuições diversas, desde a pintura até a tecnologia, e que Corbusier tenha negligenciado a mediação dos críticos de arte, procurando, ao invés, aquela dos literatos, dos técnicos, dos políticos.

Eles não rejeitaram a história, mas *aquela história*, na medida em que depende de uma distinção categórica entre qualidade e quantidade, isto é, enquanto depende da possibilidade de isolar os valores figurativos e de estudá-los por conta própria, ao passo que o movimento moderno critica esta distinção e quer reconstruir de outro modo o processo metodológico da projeção.

Consideremos que este destaque, em vez de indicar uma posição atrasada, seja um índice dos méritos dos mestres-de-obra depois de 1918, e tenha possibilitado uma verdadeira mudança nos métodos de projeção.

Até a presente data não intervieram razões para modificar o destaque de então. Daquela época em diante, a teoria e a história da arte tiveram muitos desenvolvimentos contrastantes, e as últimas pesquisas às vezes puseram em crise a metodologia tradicional; mas a metodologia tradicional continua determinando o quadro institucional destes estudos e condiciona, por conseguinte, o significado dos vários discursos no que depende da definição do campo de pesquisa.

Por isso hoje, no domínio da história da arte, só algumas experiências de ponta são inseríveis num discurso histórico mais amplo; grande parte das experiências básicas – incluindo-se nelas a "história da arte" que se ensina das escolas médias e faz parte da educação de toda a classe culta – constituem ainda um campo fechado e especializado, onde se reconhece a mesma irrepreensível autonomia do julgamento crítico que os artistas reivindicaram antes de 1914.

As tentativas de incluir neste campo a problemática da arquitetura moderna só serviram para ocultar o verdadeiro significado dos problemas de projeção; convém reconhecer a incompatibilidade entre os dois discursos, a qual só pode ser superada a longo prazo.

Depois de todas estas considerações, é preciso levar em conta as novas exigências que se evidenciaram no longo intervalo desde os primeiros anos do pós-guerra até hoje.

I

Aquilo que depois de 1918 se apresentava como um programa a ser posto em prática, constitui hoje uma experiência desenvolvida para além de quarenta anos e possui uma história interna própria. Esta história deve ser elucidada, a fim de esclarecer o valor dos resultados e dos métodos até aqui elaborados e para situar com conhecimento de causa as novas intervenções com relação aos precedentes. A seleção dos fatos assim obtida não pode, por certo, ser considerada definitiva numa perspectiva histórica longínqua; mas é a única correta que se pode fazer hoje, enquanto leva em consideração as orientações que deram origem àqueles fatos e das quais nos servimos como critérios para atuar no presente, antes que para interpretar o passado.

Este procedimento não é arbitrário, é antes, o único historicamente fundamentado, porque não podemos fazer abstração de uma experiência que está ainda em curso e que nos compromete, em qualquer caso, a favor ou contra; a este propósito, ao contrário, os métodos considerados "objetivos" da história da arte revelam-se arbitrários, porque aplicam ao movimento moderno um modelo de interpretação que o próprio movimento quis contestar e encerram um raciocínio vicioso que deve tornar-se explícito – e traduzir-se numa crítica profunda ao movimento moderno, como a de Sedlmayr – ou então ser terminantemente afastado.

O estudo da história da arquitetura moderna deve ser deliberadamente ligado à projeção contemporânea e caracterizar os padrões para a projeção contemporânea, como a história dos estilos proporcionava os padrões para a projeção eclética.

A união com a práxis contemporânea não deve ser considerada uma utilização *a posteriori*, mas o elemento constitutivo da pesquisa histórica a ser realizada. Se não acreditamos na possibilidade de caracterizar separadamente os resultados singulares, assumindo-os na esfera de um julgamento absoluto, podemos apenas selecioná-los segundo a capacidade de influenciar a pesquisa contemporânea; esta é a única medida disponível do seu valor histórico, tomada num intervalo de tempo muito curto, com relação ao que nos permite avaliar os fatos mais remotos; mas é melhor aceitar abertamente esta limitação, moderando consequentemente a firmeza dos julgamentos, antes de contorná-la com um processo de abstração.

Só assim pode ser reduzida, em nosso campo, a separação entre teoria e prática produzida em fins do século XIX. Podemos criticar com justiça o conteúdo da cultura histórica de tipo eclético, mas devemos reconhecer a validade da relação então estabelecida entre história e projeção. Os nossos padrões eram menos esquemáticos do que os antigos, dinâmicos antes que fixos, mas devem constituir igualmente o ponto de encontro entre pesquisa histórica e pesquisa profissional.

2

A nova metodologia resultante das experiências do movimento moderno não constitui apenas um programa polêmico, mas julga interpretar mais corretamente a realidade da arquitetura e deve levar a uma renovação dos estudos históricos para a arquitetura de todos os tempos.

Este segundo empreendimento apresenta-se muito mais difícil do que o primeiro, não só por causa da vastidão do campo, já sistematizado há um século de acordo com outros critérios metodológicos, mas também porque o ponto de partida – isto é, a problemática da projeção contemporânea – proporciona neste caso uma referência mais indireta, que deve ser interposta através de outros tipos de pesquisa histórica (política, econômica, tecnológica).

Entre as experiências do movimento moderno e os nossos compromissos práticos existe uma continuidade direta, que nos permite selecionar os resultados alcançados e considerá-los idealmente presentes na mesa do trabalho.

Isto não pode ser feito para as experiências anteriores; devemos, antes, considerar a desejada interrupção de continuidade de onde partiu o movimento moderno e que distanciou historicamente da tradição anterior, uma vez por todas, o nosso trabalho.

Devemos, portanto, utilizar a experiência contemporânea como modelo analógico e reconstruir, nos diversos momentos do passado, as mesmas relações entre as opções operativas e os padrões, e entre a atividade arquitetônica no seu conjunto e as circunstâncias econômicas, sociais e culturais que as acompanham.

Para reconstruir estas relações falta muitas vezes a base filológica – porque a pesquisa histórica foi guiada por outros fios

129

condutores – e quase sempre falta a experiência de sínteses históricas precedentes que se deve discutir e modificar.

Por ora, o trabalho que podemos desenvolver se assemelhará a uma série de sondagens e de tentativas parciais e terá um caráter tendencioso talvez mais aberto e evidente do que aquele descrito no primeiro parágrafo.

Podemos apenas vislumbrar a futura sistematização desta linha de estudo. O que deve mudar não é só a orientação, mas também a definição da "história da arquitetura", que não pode ser entendida como uma seção da "história da arte", mas sim como um exame global da paisagem construída em virtude das necessidades humanas, das quais a história da arte deve se valer como avaliação setorial.

A habitual definição entre valores formais e valores técnicos não pode ser deduzida no início da pesquisa, mas deve ser criticada e reconhecida válida num limitado intervalo cultural; partindo, ao contrário, de um conceito unitário da atividade arquitetônica (como resulta da definição de Morris, em 1881: "conjunto das modificações e alterações operadas, devido às necessidades humanas, na superfície terrestre"), resta examinar, época por época, as distinções introduzidas na teoria e na prática a fim de articular a atividade que nos interessa e reconstruir a distribuição das energias humanas aplicadas no aparelhamento do cenário urbano, isto é, a íntima essência da arquitetura em todos os tempos.

Este estudo pressupõe uma série de retificações processuais, entre as quais:

a) a renúncia de procurar os vínculos históricos principais confrontando diretamente entre si as obras e as personalidades emergentes; ao contrário, parece necessário reconhecer a distribuição das pequenas intervenções homogêneas, das quais dependem as transformações da história, e colocar neste quadro as pessoas e as obras singulares, a fim de atribuir-lhes um valor proporcionado;

b) a renúncia de empregar, como unidade constante de referência, o edifício, isto é, a porção do contínuo urbano que corresponde à menor intervenção distinguível de projeção; é preciso considerar toda a gama das intervenções, variável em todas as épocas quanto à extensão e à disposição hierárquica, e reconhecer o caráter historicamente condicionado dos modelos operativos primários adotados sucessivamente. Ao invés, a noção de cidade (também ela historicamente condicionada, mas num intervalo cronológico e geográfico muito mais vasto) pode funcionar como referência constante com razoável aproximação.

130

Precisamente estas duas retificações deslocam decisivamente a base filológica da pesquisa e exigem um trabalho de documentação em grande parte novo; enquanto isto não estiver bastante avançado, pode ser apenas precária toda tentativa de síntese.

Esta linha de estudos não só requer a contribuição de outras pesquisas históricas, a fim de reconstruir as circunstâncias do trabalho arquitetônico, mas tende a integrar-se na história civil e a assimilar-lhe os métodos.

As experiências modernas têm redimensionado e desdramatizado as opiniões da vanguarda sobre a intensidade do empenho artístico. A vocação artística não constitui um valor absoluto, ao qual devam ser sacrificadas todas as energias de uma pessoa, mas uma das tarefas do homem, à qual se deve atribuir um empenho proporcionado e que em certos casos deve ser subordinado a outras tarefas mais importantes ou mais urgentes. O artista não pode assumir todos os ideais de uma sociedade, nem ter apenas a função de representá-los; deve possuir uma responsabilidade verdadeira e total num campo limitado (a construção da cena física para a vida associada), antes que uma responsabilidade parcial num campo ilimitado.

Se isto é verdade, deve-se poder escrever a história da arquitetura como a de qualquer acontecimento, conservando o sentido da pluralidade de valores que convergem nesta atividade e também do seu caráter limitado, com respeito à totalidade da vida civil.

3

A longa estrada que os críticos e os historiadores da arte percorreram, depois da mudança de rumo institucional no final de século XIX, e a longa interrupção das relações com a cultura profissional dos arquitetos tornam inatural, hoje, o equívoco temido por Gropius nos anos vinte e permitem utilizar a contribuição dos críticos de arte, como a dos economistas, dos cientistas e das outras capacidades com as quais os arquitetos devem pôr-se em contato, uma vez que se lhes reconheça o caráter de contribuições externas especializadas.

Nestes termos, torna-se possível obter os resultados filológicos acumulados na história da arte – necessários para o tema histórico anterior – bem como uma parte dos resultados críticos, que permanecem estimulantes também independentemente das orientações originárias.

2. O Ensino da História nas Faculdades Italianas de Arquitetura

As vicissitudes do ensino da história, nas faculdades italianas de Arquitetura, reproduzem as do debate geral acima exposto, com um atraso mais ou menos considerável.

Quando foram instituídas as escolas superiores de Arquitetura – posteriormente transformadas em faculdades – nos currículos escolares estavam previstas duas disciplinas: a "História da Arte" e a "História e Estilos da Arquitetura", que continuaram distintas até quase o início da Segunda Guerra (em Roma, do ano acadêmico de 1925-26 a 1938-39; em Veneza, onde no início prevalece outra nomenclatura, de 1935-36 a 1937-38; em Turim, de 1930-31 a 1939-40, exceto uma interrupção no ano de 1934-35; em Florença, de 1932-33 a 1938-39, salvo uma interrupção de 1933-34 a 1934-35; e em Milão, de 1924-25 a 1939-40, com uma interrupção de 1932-33 a 1935-36).

Esta distinção depende de dois motivos: a "História da Arte" é considerada um ensino geral, em relação à qual a "História e Estilos da Arquitetura" constitui um ensino especializado (de fato, a "História da Arte" era ensinada, em certos casos, antes da "História e Estilos da Arquitetura"); além do mais, a "História e Estilos da Arquitetura", conserva o antigo caráter normativo, enquanto os "estilos" são utilizados na composição atual, ao passo que a "História da Arte" assumiu um caráter crítico, independente das escolhas contemporâneas.

Pode-se dizer que a distinção se mantém até que a confiança no caráter normativo dos "estilos" seja bastante forte. Até mais ou menos 1933 a "História da Arte" também era ensinada nos dois primeiros anos, a "História e Estilos da Arquitetura", no terceiro e quarto (em Florença até 1932-33, em Turim e Veneza até 1933-34), ao passo que o ensino dos estilos era ministrado de forma sistemática como "Elementos de Arquitetura", nos dois primeiros anos. Depois desta data, surge a tendência de se concentrar as duas Histórias no biênio propedêutico e finalmente de unificá-las (em 1938-39 em Florença e em Veneza; em 1939-40 em Roma, Turim e Milão). Esta reforma se tornou necessária devido ao abrandamento do rigor estilístico nas disciplinas escolares e sobretudo nos "Elementos de Arquitetura", para o qual o ensino propedêutico dos estilos continua possível apenas em forma histórica. Ao mesmo tempo, no terceiro e quarto anos, ou só no terceiro, é introduzida uma disciplina chamada "Caracteres Estilísticos e Construtivos da Arquitetura" onde a referência à normativa eclé-

132

tica é mais intencionalmente aos fatores construtivos (é o momento em que, em nome da conveniência construtiva, trava-se a polêmica antimoderna, em defesa do patrimônio tradicional).

A coexistência entre a "História da Arte" e a "História e Estilos da Arquitetura" provoca desde o início algumas discussões, do tipo daquela bem conhecida entre Giovannoni e Adolfo Venturi. Quando os dois ensinos foram unificados, o contraste transferiu-se para o interior da nova disciplina e levou inevitavelmente à liquidação da normativa tradicional, reproduzindo com enorme atraso uma situação própria da cultura de vanguarda antes de 1914.

Ao mesmo tempo entram em crise os "Elementos de Arquitetura"; o abandono da antiga normativa e a dificuldade em substituí-la por uma outra mais moderna fazem com que esta disciplina perca o seu caráter propedêutico e a transformam no primeiro degrau de uma experiência projetista substancialmente homogênea que prossegue em "Elementos de Composição" e em "Composição Arquitetônica".

Se esta transformação não é instantânea nem completa, isto se deve a dois motivos, um negativo e outro positivo: o primeiro é a inércia do aparato acadêmico, que logra defender por muito tempo a instância normativa tradicional, corroborando-a com os argumentos da arqueologia ou da análise estrutural; o segundo é a dúvida dos arquitetos sobre a possibilidade de reduzir completamente os seus problemas aos termos críticos correntes. Todavia, falando genericamente, não há dúvida de que a formação histórica dos arquitetos, de uns vinte anos para cá, só foi confiada à história da arte, como a educação da classe dirigente, com relação à arquitetura, depende quase apenas do análogo ensino ministrado nas escolas médias.

O efeito imediato desta vicissitude é a interrupção das relações entre o ensino da história e o da composição. Mas ao mesmo tempo começaram a pesar sobre projeção os pressupostos culturais implícitos no discurso crítico, os quais contribuíram para orientar os arquitetos italianos do pós-guerra rumo a pesquisas qualitativas isoladas, permitiram que os críticos selecionassem prematuramente os projetistas e as suas obras segundo antiquados critérios figurativos e convenceram muitos dos melhores projetistas a cuidarem principalmente da sua biografia e a julgarem as suas obras como previamente inseridas nos livros de história da arte.

A discussão se esta orientação é desejável ou não coincide com aquela sobre a maneira de ensinar a história, sendo os dois problemas atribuíveis a uma única opção cultural. Somos de opinião de que numa moderna escola de arquitetura esta opção deve ser feita de forma nítida e, quanto a nós, a escolha está implícita na análise histórica apresentada na primeira parte desta exposição.

Assim sendo, existem no campo da história três funções didáticas a desenvolver, que correspondem às três exigências elencadas anteriormente.

1. Em primeiro lugar, há necessidade de um ensino que leve em consideração a formação e o desenvolvimento da arquitetura moderna e selecione os resultados alcançados, na medida em que hoje podem ser utilizados pelos projetistas.

Este ensino deve estar intimamente ligado ao exercício da projeção e abranger todo o campo das pesquisas tipológicas necessárias à projeção. Como se sabe, estas pesquisas constituem objeto de diversos ensinos sistemáticos, colocados sobretudo no último triênio; naturalmente, estes ensinos são indispensáveis, mas a sua multiplicidade impede que se abranja num quadro unitário a tradição moderna, e a forma sistemática da exposição dissimula a exigência das opções e das discriminações, implícita neste discurso. Depois, quando a experiência da projeção já começou, estes ensinos são incluídos e então apresentam-se inevitavelmente como subsídios externos e não como bases metodológicas da projeção.

Ao contrário disso, um ensino dado nos primeiros anos, que considere de maneira unitária as tipologias da projeção moderna nas várias escalas, que mostre a evolução das tipologias e o valor metodológico deste processo ainda aberto, no qual o projetista deverá praticamente inserir-se, proporcionaria imediatamente uma clara orientação para os estudantes projetistas e equilibraria a importância das pesquisas sobre os ambientes (antigos ou modernos) considerados possíveis campos de intervenção.

Sempre se insistiu sobre a relação entre a projeção e as pesquisas de campo (também quanto à permanência da antiga junção entre "Elementos de Arquitetura" e "Importância dos Monumentos"), até dar crédito à ideia de que as opções operativas dependem intimamente do conhecimento do contexto em que se deve atuar; esta ideia serviu para promover muitas pesquisas urbanísticas e socioeconômicas, muitos estudos ambientais de elevado valor, mas também impôs a muitas experiências arquitetônicas e urbanísticas um pesado ônus de conservadorismo, criando obstáculo a união entre as experiências seguintes, solicitados cada vez a recomeçar do início.

Só a comparação constante entre a pesquisa tipológica e a pesquisa de campo torna as opções conscientes e fundamentadas, ou seja, verdadeiramente inovadoras; por sua vez, a pesquisa tipológica só parece convincente em forma histórica, na medida em que respeita o caráter dinâmico dos modelos distributivos e processuais até então encontrados.

Esta pesquisa ainda está começando. A sua prolongada falta – e, em seu lugar, um procedimento evasivo sobre a arquitetura dos últimos decênios, equiparado com o de qualquer outro período – serve de obstáculo ainda hoje ao discurso sobre as opções contemporâneas e encoraja os desperdícios oriundos da repetição de experiências já feitas.

Os cursos de projeção muitas vezes reagiram a esta falta, desenvolvendo, cada um por conta própria, um embrional tema histórico, isto é, projetando no passado a problemática hodierna. Estes desenvolvimentos revelaram-se utilíssimos, embora dividam em partes um discurso unitário e confirmem certas distinções institucionais – entre arquitetura e urbanística, entre decoração e arquitetura – de modo algum pacíficas em nível histórico. Daí a necessidade de desenvolver este discurso num nível próprio e com o devido rigor científico.

2. O ensino anterior deveria ser completado e generalizado por uma explanação histórica de todo o setor da arquitetura passada (ou do setor que encerra os precedentes imediatos da nossa civilização urbana, isto é, da Baixa Idade Média ao século XIX), conduzida no mesmo espírito.

Do ponto de vista científico, este segundo ensino é ainda mais carente e deveria apoiar-se constantemente na matriz histórica geral; os únicos livros de texto aceitáveis são os manuais de história política e econômica ou os poucos trabalhos existentes de história urbanística. A inclusão do discurso da arquitetura neste quadro pode ocorrer preferentemente para alguns períodos, ou mediante uma série de investigações isoladas.

Aqui se abre um dos campos mais promissores de pesquisa científica para as nossas Faculdades, que deveria transformar-se no necessário apoio do ensino; os contatos com outras Faculdades e a contribuição de outros peritos especializados no setor histórico serão de grande utilidade, mas a contribuição principal deverá vir dos próprios arquitetos, se souberem projetar historicamente a problemática que nasce da sua experiência cotidiana.

3. A contribuição dos críticos e dos historiadores da arte constitui um dos tributos supracitados; isso pode concretizar-se a nível científico, convocando os críticos de arte a colaborar em grupos mistos de estudo ou estabelecendo sólidos convênios de consulta com as Faculdades de Letras e, no plano didático, ins-

135

tituindo cursos de história da arte distintos e paralelos aos de história da arquitetura, dirigidos por especialistas reconhecidos.

Todavia, esta contribuição não pode ficar isolada e só adquire um significado claro se for considerada em conjunto com muitas outras, de natureza histórica ou sistemática, necessárias à formação de uma moderna cultura arquitetônica a nível universitário.

Resta considerar a possível colocação destes três ensinos nos atuais currículos dos estudos, por mais precários que sejam.

O primeiro ensino sobre a tipologia da projeção moderna pode ser ministrado nos cursos iniciais de história, caso se julgue oportuno colocar em "Elementos de Arquitetura" uma exposição sistemática do próprio discurso, ou, caso se decida coordenar entre si a história e os "Elementos de Arquitetura", colocando na história as pesquisas tipológicas necessárias à projeção moderna e, nos elementos, as pesquisas de campo.

Em tal caso, nos cursos de história se deveria desenvolver simultaneamente o primeiro ensino (sobre a arquitetura moderna) e o segundo (sobre toda a arquitetura passada), sublinhando-se o estreito vínculo entre os dois discursos; o primeiro ensino deve vir antes, em ordem lógica e em ordem de importância e, se fosse o caso de escolher, poderia existir sem o segundo, ao passo que não seria possível o inverso.

Em caso contrário, o ensino histórico sobre a tipologia da projeção moderna pode tornar-se um dos possíveis conteúdos de "Elementos de Arquitetura", e o ensino histórico geral pode ser desenvolvido à parte, atribuindo-se aos cursos de história uma continuidade vertical (que poderia incluir os "Caracteres Estilísticos") e um caráter mais destacado com relação ao discurso sobre a projeção.

O terceiro ensino, o da "História da Arte" – que é distinto da "História da Arquitetura" e paralelo a esta – poderia ser ministrado, separando-se novamente "História da Arte" da "História e Estilos da Arquitetura", como ocorria antes de 1938. Neste caso, os cursos de "História da Arte" e os de "História da Arquitetura" deveriam ser simultâneos, não sucessivos, a fim de possibilitar um confronto entre os dois pontos de vista e evitar subordiná-los um ao outro.

A impostação didática dos primeiros anos é decisiva no que diz respeito a toda a Faculdade; a distribuição dos assuntos nas disciplinas e a sua sucessão no tempo estabelecem implicitamente algumas orientações fundamentais, que depois não será mais possível corrigir.

8. OS OPERADORES DA CONSERVAÇÃO*

Se queremos conservar os artefatos tradicionais, é preciso salvaguardar os misteres tradicionais, que em outros tempos serviram para construir tais artefatos e agora devem servir para mantê-los.

Estas afirmativas são indubitáveis. Porém, estudando mais de perto o tema, surgem muitas incertezas: Em que medida queremos conservar inalterados os artefatos tradicionais? Não devemos utilizar, para este escopo, todo o leque dos métodos produtivos modernos, artesanais e industriais? Até que ponto os métodos artesanais e industriais são permutáveis e os métodos industriais modernos podem substituir aqueles artesanais antigos? Qual é, em definitivo, a linha de demarcação entre uns e outros?

Um breve exame histórico servirá para colocar estes conceitos – "conservação", "artefatos tradicionais", "artesanato" e "indústria" – numa perspectiva justa e corretamente aplicável.

Antes da revolução industrial, indústria e artesanato são termos não contrapostos, mas sinônimos. Os edifícios e os outros

---

* Comunicação apresentada ao "Symposium" do Conselho da Europa de Fulda, 1980.

artefatos que formam o ambiente construído são produzidos mediante uma pluralidade de trabalhos executados na obra, junto à obra, em oficinas, por muitas ou poucas pessoas, com operações sucessivas padronizadas por poucos executores versáteis ou com operações simultâneas repartidas entre muitos executores especializados; ou então, nesta variedade, não se reconhecem diferenças conceituais, mas só de grau, e todas as palavras que dizem respeito ao labor material – indústria, mão-de-obra, ofício, artesanato e assim por diante – são intercambiáveis entre si em larga medida. Entre os séculos XV e XIX, desincorpora-se desta gama somente o ato intelectual da ideação das formas, que se considera um trabalho à parte e que realça os especialistas relativos – os pintores, os escultores, os arquitetos – a outro nível cultural e social. Portanto, no sistema produtivo tradicional, a única distinção qualitativa está entre "arte" e "mister" (indústria ou artesanato). No tempo do Rei Sol, consideram-se "artistas" tanto Le Brun e Poussin – que pintam pessoalmente os seus quadros – quanto Hardouin-Mansart e Le Notre, que projetam e dirigem disposições enormes, em escala arquitetônica e paisagística; são considerados "oficiantes" todos os outros: os poucos trabalhadores de uma tenda artesanal e os milhares de operários dos canteiros reais (que chegam a 35 000 em Versalhes em 1785 e compreendem inteiras divisões militares, empregadas para os trabalhos de desaterro como os *buldozers* de hoje). Também a divisão do trabalho pode ser impulsionada, como nas oficinas reais instituídas por Colbert (a Savonnerie, a Saint-Gobain, os *gobelins*, com 1 800 ou mais membros), sem modificar a compacidade cultural e social do aparelho executivo.

A revolução industrial revira todo este quadro e acelera tão imprevistamente o desenvolvimento tecnológico, a ponto de fragmentar em várias partes a antiga organização produtiva. A unidade da cultura visiva e do ambiente físico tradicional depende da circulação dos modelos formais e dos métodos de produção entre o nível superior (da "arte") e o inferior (dos "misteres"); a difusão dos novos métodos mecânicos de produção e o desmantelamento das corporações, que até então serviram para canalizar nos dois sentidos os modelos e os métodos tradicionais, isolam entre si as várias categorias dos produtores: os artistas especializam-se na execução de objetos especiais, sempre mais marginalizados e menos ocorrentes no ambiente vital; os operários ligados organicamente aos artistas são colocados fora do mercado antes de terem podido adaptar-se à nova situação, e o seu lugar é preenchido por novos produtores desarraigados, que utilizam passivamente os modelos em voga (agora difundidos somente pelos meios de comunicação de massa: catálogos, estampas e mais tarde fotografias), por conseguinte, reduzidos a formas abstratas, independentes dos materiais, das medidas e das circunstâncias de uso, e que empregam as novas máquinas, que são capazes de reproduzir estas formas em qualquer material, em qualquer escala e em qualquer número de exemplares.

Nos primeiros três ou quatro decênios do século XIX, a qualidade dos objetos produzidos permanece desigual, enquanto se encontram em circulação – nas tendas artesanais ou nas indústrias – os especialistas educados no período anterior. Depois nivelam-se num grau muito baixo, que surpreende e escandaliza os artistas e os homens de cultura. As exposições mundiais (a partir daquela de Londres de 1851) tornam evidente esta decadência e apressam os movimentos de reforma das artes aplicadas da segunda metade do século, que têm uma evolução semelhante aos movimentos de reforma política da mesma época.

Inicialmente, a atenção se concentra nos modelos (Henry Cole, Owen Jones, Richard Redgrave, Gottfried Semper); julga-se necessário elaborar modelos melhores, tomados de exemplos distantes no espaço e no tempo, e fazê-los circular com convenientes provimentos administrativos (escolas, publicações, museus, escritórios públicos especializados). Não se faz distinção entre indústria e artesanato, nem se discute o aparelho de produção da época.

Numa segunda etapa, examinam-se e criticam-se justamente os métodos de produção (John Ruskin, William Morris, Henry van de Velde e muitos outros no final do século XIX). Reconhece-se que a qualidade artística de um objeto deriva do "sentido do trabalho humano e da atenção dada ao fabricá-lo" e que a produção industrial destrói este aspecto, porque multiplica mecanicamente as formas que deveriam ser extraídas, uma a uma, da mão do homem.

"Você usa uma coisa que pretende ter um valor, um custo e uma consistência que não tem; é uma afronta, uma vulgaridade, uma impertinência e um pecado. Jogue-a fora... não pagou para vê-la, não tem nada que fazer com ela, não precisa dela" (RUSKIN, *The Lamp of Truth*, 1849).

A partir deste raciocínio começa a contraposição entre indústria e artesanato. Com efeito, como sabemos, Ruskin, Morris e os seus colaboradores – Faulkner, Marshall, Webb etc. – quiseram ressuscitar um artesanato manual, retrospectivo e, portanto, protegido e inevitavelmente minoritário.

139

À distância no tempo, hoje em dia vemos que estas duas soluções eram inadequadas. A primeira era "utópica", isto é, unicamente propositiva, como a pregação política de Owen e de Fourier, e não considerava as transformações dos mecanismos produtivos, que suscitaram o problema. A segunda era "científica" (no sentido de Marx e de Darwin), isto é, considerava objetivamente os mecanismos subjacentes nos resultados, mas ainda aceitava o postulado tradicional da "arte": uma atividade ideativa autônoma, produtora de modelos para todas as atividades produtivas e capaz de tirá-los do inteiro repertório do passado. O contraste apontado por Ruskin adapta-se a uma indústria que tenta reproduzir, com métodos mecânicos, os mesmos modelos do antigo artesanato, elaborados na esfera da "arte pura" e dotados de uma autonomia "ornamental" própria. A fim de desbloquear definitivamente a crise do aparelho produtivo na era industrial era preciso levar mais à frente a crítica científica e repensar radicalmente a distribuição das energias humanas aplicadas na formação e na manutenção do ambiente físico; isto é, era preciso desmontar justamente a divisão renascentista entre trabalho ideativo e trabalho executivo, projetando em seu lugar uma atividade unitária, análoga à *ars* e à *tekné* do período pré-renascentista, que depois devia ser empírica e livremente articulado, acolhendo assim sem preconceitos as distinções produzidas pelo moderno desenvolvimento tecnológico.

Esta passagem resolutiva se dá no segundo decênio do século XX, por obra de Walter Gropius e dos outros mestres da arquitetura moderna, e conduz a uma redefinição de todos os conceitos até então debatidos. A "arte" não é mais considerada uma atividade constitucional do espírito humano, porém uma forma histórica de organização do trabalho, que apareceu há cinco séculos e que desaparecerá da vista, e que as vanguardas artísticas do início do século XX se propõem superar. (Vale notar que é somente depois desta mudança que a cultura europeia perde as suas pretensões hegemônicas e se abre ao confronto com as outras tradições culturais, que permaneceram estranhas ao esquema organizativo humanístico.) A "arquitetura" não é mais uma subdivisão da arte, mas torna-se uma atividade primária, que se encarrega do conjunto das "modificações e alterações operadas, devido às necessidades humanas, na superfície terrestre", segundo a definição de Morris. A "indústria" e o "artesanato" não são mais considerados categorias conceituais, mas situações históricas concretas e variáveis, que têm diferenças de grau, e não de qualidade, e se integram reciprocamente (a indústria serve-se do artesanato para a programação dos seus ciclos e o artesanato se serve da indústria para renovar continuamente a sua aparelhagem e as suas matérias-primas). Neste novo quadro cultural – não o esqueçamos – nasce o conceito moderno da "conservação" do patrimônio físico antigo. Enquanto os edifícios e os objetos do passado eram considerados modelos para a concepção dos presentes, assegurava-se ainda uma continuidade operativa entre passado e presente e os objetos contavam menos: era preciso conhecê-los, mas podia-se modificá-los e destruí-los dentro daquela continuidade. Só quando intervém a separação crítica moderna é que nasce a exigência da conservação textual, porque a frequentação física se torna um meio insubstituível para recuperar os valores inerentes daqueles objetos, que não são documentáveis com outros instrumentos semânticos.

À luz destas definições, podemos tentar resumir os resultados do debate recente e, em particular, os adquiridos nos precedentes congressos do Conselho Europeu.

1. O patrimônio a ser preservado não constitui um *elenco de artefatos homogêneos e independentes entre si* (justamente aqueles que no sistema anterior cultural tinham valor de modelos: os "monumentos" e as "obras de arte"); pelo contrário, é um *sistema de artefatos heterogêneos e ligados entre si*, que no seu conjunto formam o ambiente vital das épocas passadas, com as quais perdemos o contato espontâneo habitual: antes de tudo, o ambiente da sociedade anterior à revolução industrial, que se costuma chamar de "pré-industrial" ou "antigo regime". Trata-se de cultivos, de vias, de canais, povoados, cidades, edifícios e objetos de uso, selecionados não com base num "valor artístico" controverso, mas com base num grau de *significação* e de *coerência abrangente* de modo a nos permitir reconstruir os vínculos retrospectivamente perdidos ou ameaçados e, portanto, averiguáveis com rigor científico.

2. Este sistema de artefatos é tanto mais precioso porquanto é ainda vivificado por uma relação cotidiana com as pessoas e as coletividades de hoje. Também os objetos isolados que perderam o seu uso originário nos interessam e os conservamos com grande cuidado nos museus (ou então, se são muito grandes, nos espaços representativos das nossas cidades, como "monumentos"). Mas então se faz necessário visitá-los, de caso pensado, com uma intenção reflexiva que perturba e restringe inevitavelmente a relação comunicativa. Ao invés disso, os ambientes agrícolas ainda cultivados, as cidades ainda habitadas, os edifícios e a aparelhagem usada ainda como outrora ou de um modo não muito diferente,

141

interessam-nos num grau maior, porque as ocasiões de percepção, de contemplação e de reflexão se tornam muito mais variegadas e mais completas, em todo um arco da vida cotidiana em diversas circunstâncias subjetivas: quando estamos atentos e distraídos, preparados ou despreparados, satisfeitos ou incomodados. Daí o conceito da "conservação integrada": cenário físico e habitantes, ligados de maneira inseparável entre si. Faz parte desta exigência também a aceitação da mudança contínua das relações entre cenário e sociedade, nas margens amplas e surpreendentes que o cenário antigo quase sempre oferece. O importante é não interromper esta relação vital, que faz viver concretamente em nosso meio um patrimônio de valores criado no passado.

3. O repertório dos métodos para a conservação moderna compreende uma gama de intervenções diferentes, todas admissíveis em circunstâncias apropriadas e que devem ser avaliadas com a abordagem empírica da cultura arquitetônica moderna:

O *repristinamento**, ou seja, uma série de obras destinadas unicamente a consolidar um artefato, a garantir a duração, a tolher as inadmissíveis alterações, em suma, a subtraí-lo à injúria do tempo, subordinando a este objetivo ou também eliminando todo o uso moderno.

A *restauração*, uma série de obras com o fito de consolidar um artefato e eliminar as modificações incompatíveis, introduzindo, porém, outras modificações compatíveis com a sua estrutura imaginária, para assegurar um uso moderno igual ou análogo ao antigo.

A *reestruturação*, isto é, uma série de obras que levam a transformar um artefato, conservando algumas partes, substituindo ou acrescentando outras, a fim de permitir uma variedade maior de usos modernos, correspondentes ou não aos antigos.

A *reconstrução*, quando o artefato original foi destruído e se deseja substituí-lo por uma réplica, individual ou referida a um tipo recorrente, a fim de obter, num nível superior, o *repristinamento*, a restauração ou a reestruturação do conjunto, de que o artefato faz parte.

Todas estas operações, individuais e extraordinárias, encontram a sua unidade numa atividade abrangente e contínua, à qual se adapta a palavra *manutenção*: o cuidado cotidiano do homem com o seu ambiente de vida. Se não se assegura esta intervenção permanente – que pressupõe uma coerência entre moldura física

---

* Recorremos ao italianismo, pois *reconstituição* não traduz o sentido do termo que é reconstituir ou manter algo de um tempo antigo.

e corpo social –, as intervenções momentâneas sobre cada um dos artefatos não bastam para tutelar o ambiente antigo e os seus valores. Veneza é a demonstração mais cabal desta necessidade, e a dificuldade de salvar Veneza, embora dispondo de todos os fundos e meios técnicos necessários, reside na nossa incapacidade de *repristinar* o equilíbrio geral das infinitas intervenções, que todos os dias modificam Veneza.

Partindo do conceito da manutenção, procuramos decompor as várias intervenções sobre o ambiente construído nos seus elementos constitutivos mais simples. As operações materiais – por exemplo as vozes do cômputo métrico de qualquer projeto – podem ser reduzidas às três seguintes espécies:

– *obras de manutenção comum* (para fazer durar e manter em funcionamento as estruturas originais);
– *obras de manutenção extraordinária* (para transformar ou substituir as estruturas que não são mais sólidas nem usáveis);
– *novas obras*, que antes não existiam.

Os diversos casos da conservação, arrolados atrás, não são mais do que combinações diferentes destas operações. Assim, torna-se claro o ponto de aplicação das escolhas executivas: em cada uma das operações elementares e com maior razão nas intervenções de conjunto, tanto o artesanato como a indústria acham-se presentes e coordenadas. Até, nas intervenções no patrimônio da construção existente chegam a adquirir menos peso as obras estruturais (onde costuma ser mais acentuada a componente artesanal) e mais peso às obras de acabamento (onde é mais acentuada a componente industrial). *A verdadeira questão é*: *que artesanato e que indústria?* Não serve um artesanato ruskiano, artificial e protegido, sequer para efetuar as restaurações mais rigorosas, porque também as restaurações devem ser colocadas na realidade econômica e tecnológica de hoje; não serve, por outro lado, uma indústria como aquela com que Ruskin polemizava, que só se preocupa com a conservação das aparências externas dos artefatos antigos, com meios mecânicos não adequados. Há necessidade de um artesanato, que utilize as mais modernas descobertas da indústria, e de uma indústria que empregue uma pluralidade de trabalhos mecânicos e manuais, a fim de interpretar coerentemente – com os recursos do nosso tempo – a evolução do cenário físico passado no ambiente de hoje.

A escolha dos meios mais adaptados, nos vários casos, deve evitar as discussões de princípio e ser reconduzida ao terreno empírico – tecnológico, econômico e burocrático – sem perder a coerência cultural da intervenção abrangente. A fim de tomar partido em favor do artesanato ou da indústria basta uma teoria. Para combinar de maneira mais profícua artesanato e indústria, é preciso estudo, paciência e competência técnica.

Finalmente, deve-se considerar a conjuntura em que se situa hoje, no início dos anos oitenta, o tema da conservação começado nos anos sessenta. Há quinze anos atrás, a nova arte de construção achava-se em pleno desenvolvimento; a conservação dos artefatos antigos constituía uma exigência cultural limitada aos ambientes históricos e em escala muito minoritária. Hoje em dia, pelo contrário, nos países industrializados o aumento do patrimônio construído está se exaurindo e a reciclagem do patrimônio já existente se torna cada vez mais importante. Nos países em via de industrialização, as aparelhagens de construção acham-se ainda quase todas por fazer, mas na perspectiva de um ciclo a encerrar-se, para chegar a uma estabilização análoga. A conservação dos bens culturais, dos edifícios e dos centros históricos faz parte, pois, de um programa mais vasto: a manutenção e a reabilitação de toda a paisagem construída no passado longínquo e próximo. As técnicas que podemos chamar de retrospectivas – de *repristinação*, restauração, reestruturação e reconstrução dos artefatos – têm um peso sempre crescente da produção contemporânea. Toda a organização produtiva está passando por alterações em consequência disso e orienta-se para um novo equilíbrio entre artesanato e indústria, funcional para estas tarefas. Assim, as nossas discussões adquirem uma nova ressonância. A conservação dos artefatos antigos poderá tornar-se o campeão e o laboratório experimental da conservação generalizada, que constituirá o tema dominante dos próximos anos.

ARQUITETURA NA PERSPECTIVA

Quadro da Arquitetura no Brasil
Nestor Goulart Reis Filho (D018)

Bauhaus: Novarquitetura
Walter Gropius (D047)

Morada Paulista
Luís Saia (D063)

A Arte na Era da Máquina
Maxwell Fry (D071)

Cozinhas, Etc.
Carlos A. C. Lemos (D094)

Vila Rica
Sylvio de Vasconcellos (D100)

Território da Arquitetura
Vittorio Gregotti (D111)

Teoria e Projeto na Primeira Era da Máquina
Reyner Banham (D113)

Arquitetura, Industrialização e Desenvolvimento
Paulo J. V. Bruna (D135)

A Construção do Sentido na Arquitetura
J. Teixeira Coelho Netto (D144)

Arquitetura Italiana em São Paulo
Anita Salmoni e Emma Debenedetti (D173)

A Cidade e o Arquiteto
Leonardo Benevolo (D190)

Conversas com Gaudí
Cesar Martinell Brunet (D307)

Por Uma Arquitetura
Le Corbusier (E027)

Espaço da Arquitetura
Evaldo Coutinho (E059)

Arquitetura Pós-Industrial
Rarraele Raja (E118)

A Casa Subjetiva
Ludmila de Lima Brandão (E181)

Arquitetura e judaísmo: Mendelsohn
Bruno Zevi (E187)

A Casa de Adão no Paraíso
Joseph Rykwert (E189)

Pós-Brasília: Rumos da Arquitetura Brasileira
Maria Alice J. Bastos (E190)

A Ideia de Cidade
Joseph Rykwert (E234)

Interior da História
Marina Waisman (E308)

O *Culto Moderno dos Monumentos*
Alois Riegl (EL64)

Espaço (Meta)Vemacular na Cidade Contemporânea
Marisa Barda (K26)

História da Arquitetura Moderna
Leonardo Benevolo (LSC)

Arquitetura Contemporânea no Brasil
Yves Bruand (LSC)

História da Cidade
Leonardo Benevolo (LSC)

Brasil: Arquiteturas Após 1950
Maria Alice J. Bastos e Ruth V. Zein (LSC)

URBANISMO NA PERSPECTIVA

Planejamento Urbano
Le Corbusier (D037)

Os Três Estabelecimentos Humanos
Le Corbusier (D096)

Cidades: O Substantivo e o Adjetivo
Jorge Wilheim (D114)

Escritura Urbana
Eduardo de Oliveira Elias (D225)

Crise das Matrizes Espaciais
Fábio Duarte (D287)

Primeira Lição de Urbanismo
Bernardo Secchi (D306)

(Des)Construção do Caos
Sergio Kon e Fábio Duarte (orgs.)
(D311)

Cidade do Primeiro Renascimento
Donatella Calabi (D316)

Cidade do Século Vinte
Bernardo Secchi (D318)

A Cidade do Século XIX
Guido Zucconi (D319)

O Urbanismo
Françoise Choay (E067)

Regra e o Modelo
Françoise Choay (E088)

Cidades do Amanhã
Peter Hall (E123)

Metrópole: Abstração
Ricardo Marques de Azevedo (E224)

História do Urbanismo Europeu
Donatella Calabi (E295)

Área da Luz
R. de Cerqueira Cesar, Paulo J. V. Bruna,
Luiz R. C. Franco (LSC)

Cidades Para Pessoas
Jan Ghel (A+U1)

Cidade Caminhável
Jeff Speck (A+U2)

COLEÇÃO DEBATE
(últimos lançamentos)

188. *O Brasil e a Crise Mundial*, Celso Lafer.
189. *Jogos Teatrais*, Ingrid Dormien Koudela.
190. *A Cidade e o Arquiteto*, Leonardo Benevolo.
191. *Visão Filosófica do Mundo*, Max Scheler.
192. *Stanislavski e o Teatro de Arte de Moscou*, J. Guinsburg.
193. *O Teatro Épico*, Anatol Rosenfeld.
194. *O Socialismo Religioso dos Essênios: a Comunidade de Qumran*, W. J. Tyloch.
195. *Poesia e Música*, Antônio Manuel e outros.
196. *A Narrativa de Hugo de Carvalho Ramos*, Albertina Vicentini.
197. *Vida e História*, José Honório Rodrigues.
198. *As Ilusões da Modernidade*, João Alexandre Barbosa.
199. *Exercício Findo*, Décio de Almeida Prado.
200. *Marcel Duchamp: Engenheiro do Tempo Perdido*, Pierre Cabanne.
201. *Uma Consciência Feminista: Rosario Castellanos*, Beth Miller.
202. *Neolítico: Arte Moderna*, Ana Claudia de Oliveira.
203. *Sobre Comunidade*, Martin Buber.
204. *O Heterotexto Pessoano*, José Augusto Seabra.
205. *O que é uma Universidade?*, Luiz Jean Lauand.
206. *A Arte da Performance*, Jorge Glusberg.
207. *O Menino na Literatura Brasileira*, Vânia Maria Resende.
208. *Do Anti-Sionismo ao Anti-Semitismo*, Léon Poliakov.
209. *Da Arte e da Linguagem*, Alice Brill.
210. *A Linguagem da Sedução*, Ciro Marcondes Filho (org.).
211. *O Teatro Brasileiro Moderno*, Décio de Almeida Prado.
212. *Qorpo-Santo: Surrealismo ou Absurdo?*, Eudinyr Fraga.
213. *Conhecimento, Linguagem, Ideologia*, Marcelo Dascal.
214. *A Voragem do Olhar*, Regina Lúcia Pontieri.
215. *Notas para uma Definição de Cultura*, T. S. Eliot.
216. *Guimarães Rosa: as Paragens Mágicas*, Irene J. Gilberto Simões.
217. *A Música Hoje 2*, Pierre Boulez.
218. *Borges & Guimarães*, Vera Mascarenhas de Campos.
219. *Performance como Linguagem*, Renato Cohen.
220. *Walter Benjamin – a História de uma Amizade*, Gershom Scholem.
221. *A Linguagem Liberada*, Kathrin Holzermayr Rosenfield.
222. *Colômbia Espelho América*, Edvaldo Pereira Lima.
223. *Tutaméia: Engenho e Arte*, Vera Novi.
224. *Por que Arte?*, Gregory Battcock.
225. *Escritura Urbana*, Eduardo de Oliveira Elias.
226. *Analogia do Dissimilar*, Irene A. Machado.
227. *Jazz ao Vivo*, Carlos Calado.
228. *O Poético: Magia e Iluminação*,

Álvaro Cardoso Gomes.

29. *Dewey: Filosofia e Experiência Democrática*, Maria Nazaré de Camargo Pacheco Amaral.
30. *Grupo Macunaíma: Carnavalização e Mito*, David George.
31. *O Bom Fim do Shtetl: Moacyr Scliar*, Gilda Salem Szklo.
32. *Aldo Bonadei: o Percurso de um Pintor*, Lisbeth Rebollo Gonçalves.
33. *O Bildungsroman Feminino: Quatro Exemplos Brasileiros*, Cristina Ferreira Pinto.
34. *Romantismo e Messianismo*, Michel Löwy.
35. *Do Simbólico ao Virtual*, Jorge Lucio de Campos.
36. *O Jazz como Espetáculo*, Carlos Calado.
37. *Arte e seu Tempo*, Sheila Leirner.
38. *O Super-Homem de Massa*, Umberto Eco.
39. *Artigos Musicais*, Livio Tragtenberg.
40. *Borges e a Cabala*, Saúl Sosnowski.
41. *Bunraku: um Teatro de Bonecos*, Sakae M. Giroux e Tae Suzuki.
42. *De Berlim a Jerusalém*, Gershom Scholem.
43. *Os Arquivos Imperfeitos*, Fausto Colombo.
44. *No Reino da Desigualdade*, Maria Lúcia de Souza B. Pupo.
45. *Comics da Imigração na América*, John J. Appel e Selma Appel.
46. *A Arte do Ator*, Richard Boleslavski.
47. *Metalinguagem & Outras Metas*,

Haroldo de Campos.

248. *Um Vôo Brechtiano*, Ingrid Dormien Koudela (org.).
249. *Correspondência*, Walter Benjamin e Gershom Scholem.
250. *A Ironia e o Irônico*, D. C. Muecke.
251. *Autoritarismo e Eros*, Vilma Figueiredo.
252. *Ensaios*, Alan Dundes.
253. *Caymmi: Uma Utopia de Lugar*, Antonio Risério.
254. *Texto/Contexto II*, Anatol Rosenfeld.
255. *História da Literatura Alemã*, Anatol Rosenfeld.
256. *Prismas do Teatro*, Anatol Rosenfeld.
257. *Letras Germânicas*, Anatol Rosenfeld.
258. *Negro, Macumba e Futebol*, Anatol Rosenfeld.
259. *Thomas Mann*, Anatol Rosenfeld.
260. *Letras e Leituras*, Anatol Rosenfeld.
261. *Teatro de Anchieta a Alencar*, Décio de Almeida Prado.
262. *Um Jato na Contramão: Buñuel no México*, Eduardo Peñuela Cañizal (org.).
263. *Isaiah Berlin: Com Toda a Liberdade*, Ramin Jahanbegloo.
264. *Indústria Cultural: A Agonia de um Conceito*, Paulo Puterman.
265. *O Golem, Benjamin, Buber e Outros Justos: Judaica I*, Gershom Scholem.
266. *O Nome de Deus, a Teoria da Linguagem, e Outros Estudos*

de Cabala e Mística: Judaica II, Gershom Scholem.

267. *A Cena em Sombras,* Leda Maria Martins.

268. *Darius Milhaud: Em Pauta,* Claude Rostand.

269. *O Guardador de Signos,* Rinaldo Gama.

270. *Mito,* K. K. Ruthven.

271. *Texto e Jogo,* Ingrid Domien Koudela.

272. *A Moralidade da Democracia: Uma Interpretação Habermasiana,* Leonardo Avritzer.

273. *O Drama Romântico Brasileiro,* Décio de Almeida Prado

274. *Vodu e a Arte no Haiti,* Sheldon Williams.

275. *Poesia Visual - Vídeo Poesia,* Ricardo Araújo.

276. *Existência em Decisão,* Ricardo Timm de Souza.

277. *Planejamento no Brasil II,* Anita Kon (org.).

278. *Para Trás e Para Frente,* David Ball.

279. *Capitalismo e Mundialização em Marx,* Alex Fiúza de Mello.

280. *Metafísica e Finitude,* Gerd. A. Bornheim.

281. *Brecht na Pós-Modernidade,* Ingrid Dormien Koudela.

282. *Na Cinelândia Paulistana,* Anatol Rosenfeld.

283. *O Caldeirão de Medéia,* Roberto Romano.

284. *Unidade e Fragmentação: A Questão Regional no Brasil,* Anita Kon (org.).

285. *O Grau Zero do Escreviver,* José Lino Grünewald.

286. *Literatura e Música: Modulações Pós-Coloniais,* Solange Ribeiro de Oliveira.

287. *Crise das Matrizes Espaciais,* Fábio Duarte.

288. *Cinema: Arte & Indústria,* Anatol Rosenfeld.

289. *Paixão Segundo a Ópera,* Jorge Coli.

290. *Alex Viany: Crítico e Historiador,* Arthur Autran.

291. *George Steiner: À Luz de si Mesmo,* Ramin Jahanbegloo.

292. *Um Ofício Perigoso,* Luciano Canfora.

293. *Som-imagem no Cinema,* Luiz Adelmo Fernandes Manzano.

294. *O Desafio do Islã e Outros Desafios,* Roberto Romano.

295. *Ponto de Fuga,* Jorge Coli.

296. *Adeus a Emmanuel Lévinas,* Jacques Derrida.

297. *Platão: Uma Poética para a Filosofia,* Paulo Butti de Lima.

298. *O Teatro É Necessário?,* Denis Guénoun.

299. *Ética e Cultura,* Danilo Santos de Miranda (org.).

300. *Eu não Disse?,* Mauro Chaves.

301. *O Teatro do Corpo Manifesto: Teatro Físico,* Lúcia Romano.

302. *A Cidade Imaginária,* Luiz Nazari (org.).

303. *O Melodrama,* J. M. Thomasseau.

304. *O Estado Persa,* David Asheri.

305. *Óperas e Outros Cantares,* Sergio

Casoy.

106. *Primeira Lição de Urbanismo*, Bernardo Secchhi.

107. *Conversas com Gaudí*, Cesar Martinell Brunet.

108. *O Racismo, uma Introdução*, Michel Wieviorka.

09. *Emmanuel Lévinas: Ensaios e Entrevistas*, François Poirié.

10. *Marcel Proust: Realidade e Criação*, Vera de Azambuja Harvey.

11. *A (Des)Construção do Caos*, Sergio Kon e Fábio Duarte (orgs.).

12. *Teatro com Meninos e Meninas de Rua*, Marcia Pompeo Toledo.

13. *O Poeta e a Consciência Crítica*, Affonso Ávila.

14. *O Pós-dramático: Um Conceito Operativo?*, J. Guinsburg e Sílvia Fernandes (orgs.).

15. *Maneirismo na Literatura*, Gustav R. Hocke.

16. *A Cidade do Primeiro Renascimento*, Donatella Calabi.

17. *Falando de Idade Média*, Paul Zumthor.

18. *A Cidade do Século Vinte*, Bernardo Secchi.

19. *A Cidade do Século XIX*, Guido Zucconi.

20. *O Hedonista Virtuoso*, Giovanni Cutolo.

21. *Tradução, Ato Desmedido*, Boris Schnaiderman.

22. *Preconceito, Racismo e Política*, Anatol Rosenfeld.

323. *Contar Histórias com o Jogo Teatral*, Alessandra Ancona de Faria.

324. *Judaísmo, Reflexões e Vivências*, Anatol Rosenfeld.

325. *Dramaturgia de Televisão*, Renata Pallottini.

326. *Brecht e o Teatro Épico*, Anatol Rosenfeld.

327. *Teatro no Brasil*, Ruggero Jacobbi.

328. *40 Questões Para Um Papel*, Jurij Alschitz.

329. *Teatro Brasileiro: Ideias de uma História*, J. Guinsburg e Rosangela Patriota.

330. *Dramaturgia: A Construção da Personagem*, Renata Pallottini.

331. *Caminhante, Não Há Caminho. Só Rastros*, Ana Cristina Colla.

332. *Ensaios de Atuação*, Renato Ferracini.

333. *A Vertical do Papel*, Jurij Alschitz

334. *Máscara e Personagem: O Judeu no Teatro Brasileiro*, Maria Augusta de Toledo Bergerman

335. *Razão de Estado e Outros Estados da Razão*, Roberto Romano

336. *Teatro em Crise*, Anatol Rosenfeld

337. *Lukács e Seus Contemporâneos*, Nicaolas Terulian

338. *A Tradução Como Manipulação*, Cyril Aslanov

339. *Teoria da Alteridade Jurídica*, Carlos Eduardo Nicolletti Camillo

340. *Estética e Teatro Alemão*, Anatol Rosenfeld

Este livro foi impresso na cidade de Cotia,
nas oficinas da Meta Brasil,
para a Editora Perspectiva.